中国金融稳定报告

China Financial Stability Report

2019

中国人民银行金融稳定分析小组

中国金融出版社

中国人民银行金融稳定分析小组

组　长：朱鹤新

成　员（以姓氏笔画为序）：

王景武　王　信　朱　隽　阮健弘

孙国峰　邹　澜　陆书春　周学东

温信祥

《中国金融稳定报告2019》指导小组

朱鹤新　王兆星　梁　涛　李　超

邹加怡

《中国金融稳定报告2019》编写组

总　纂：王景武　黄晓龙　陶　玲　杨　柳　孟　辉
统　稿：杨　柳　张甜甜
执　笔：
综　述：张甜甜　孙寅浩
第一部分：
　　正　文：孙寅浩　高　宏　刘　珂　王　磊　王一飞
　　　　　　杨　颖
　　专题一：王文静　李超洋
　　专题二：苗萌萌　陈　伟　计　磊
　　专题三：郭旻蕙
第二部分：
　　正　文：王少群　谢　霏　梁　爽　刘　瑶
　　　　　　李　冠　邱　夏
　　专题四：周　媛
　　专题五：王少群　谢　霏
　　专题六：许　玥　梁　爽
　　专题七：张　荣
　　专题八：张　哲
　　专题九：卢钇辰　刘　通
　　专题十：刘　勤　苗萌萌　陈　伟　计　磊　陈　盼
第三部分：
　　正　文：刘　通　王少群　赵冰喆　陈　敏　王文静
　　　　　　张新宜　孙　毅　冯　蕾　陈文弢　张　璇
　　专题十一：魏　巍
　　专题十二：闫　珅　单　铎
　　专题十三：胡　平　刘　婕　吴文光　赵晟江　甘浩楠
　　专题十四：张卫华　贾　喆
　　专题十五：胡海琼　黄建生
　　专题十六：欧阳昌民　张　弯
　　专题十七：张昕宁
　　附　录：李紫妍　毛奇正　李　博　张　哲　谢　霏

其他参与写作人员（以姓氏笔画为序）：
　　于明星　马军伟　王大波　王尊州　刘向东　许均平
　　纪宝林　吴　翔　沈昶烨　陈　双　季　军　周钰博
　　居　珊　钱东平　楼　丹　熊　英

综　述

2018年以来，全球经济政治格局仍处于深度调整过程中，中国经济金融发展面临的外部挑战明显增多。在这种情况下，金融系统始终坚持稳中求进的工作总基调，按照高质量发展要求，迎难而上、扎实工作，推动宏观政策有效实施，金融服务实体经济力度加强，金融秩序不断好转，金融改革开放取得进展，实现了防范化解重大金融风险攻坚战的良好开局，为经济持续健康发展和社会大局稳定作出了贡献。2018年，中国GDP同比增速6.6%，在全球主要经济体中居于前列；就业形势保持稳定，通货膨胀总体温和，国际收支保持平衡，外汇储备规模基本稳定。在当前全球经济复苏不确定性上升的大背景下，中国经济的平稳运行难能可贵，不仅为实现全面建成小康社会的第一个百年奋斗目标打下了坚实基础，也成为了支撑全球经济增长的重要力量。

在肯定成绩的同时，我们也充分认识到，受内外部多重因素影响，中国经济中一些长期积累的深层次矛盾逐渐暴露，金融风险易发高发，经济增长面临的困难增多。从国际上看，世界经济增速“见顶回落”的可能性增加，全球范围内的单边主义和贸易保护主义情绪加剧，金融市场对贸易局势高度敏感，全球流动性状况的不确定性上升。国内方面，金融风险正在呈现一些新的特点和演进趋势，重点机构和各类非法金融活动的增量风险得到有效控制，但存量风险仍须进一步化解，金融市场对外部冲击高度敏感，市场异常波动风险不容忽视。

为有效防范化解风险，党中央、国务院作出打好防范化解重大金融风险攻坚战的重要决策部署，提出“稳定大局、统筹协调、分类施策、精准拆弹”的基本方针。过去的一年中，在国务院金融稳定发展委员会统一指挥协调下，人民银行会同相关部门，按照攻坚战总体要求，针对不同风险分类施策，对威胁金融稳定的重点领域风险，及时“精准拆弹”；对可能持续存在的潜在风险，采取主动措施进行逐步化解，实现“慢撒气、软着陆”；对体制机制性不足，持续推动监管改革，弥补监管短板；对将来可能显现的“黑天鹅”和“灰犀牛”风险，强化日常风险监测与评估，做好各类风险处置预案。同时，在风险化解和处置过程中，把握政策节奏和力度，适时预调微调，防范“处置风险的风险”，有效保障了金融市场和金融机构的平稳运行。

通过一年多的集中整治和多措并举，我们在防范化解金融风险方面取得积极进展。一是有效稳住了宏观杠杆率。宏观上管好货币总闸门，微观上推动企业降杠杆、控制居民杠杆率过快增长、积极化解地方政府隐性债务，使宏观杠杆率高速增长势头得到初步遏制。二是平稳有序处置高风险机构。坚持全面依法依规，果断对包商银行实施接管，最大限度地保护存款人和其他客户合法权益，并坚决打破刚性兑付，强化市场纪律。果断实施接管发挥了及时“止血”作用，避免了风险进一步恶化，接管托管工作进展顺利，未出现客户挤兑等群体性事件。三是大力整顿金融秩序。扎实推进互联网金融风险专项整治，继续严厉打击非法集资活动，稳步推进各类交易场所清理整顿工作，稳妥有序压降存量风险。四是应对金融市场波动风险。综合运用多种政策工具增加流动性供给，有效平抑市场短期波动，稳妥化解中小银行局部性、结构性流动性风险。有序处置民营企业债券违约事件，稳步推进股票质押风险纾解工作。有效应对跨境资本流动冲击，保持人民币汇率在合理均衡水平上的基本稳定。五是补齐监管制度短板。出台资管新规及配套实施细则，整治金融市场乱象，影子银行无序发展风险得到控制。发布系统重要性金融机构监管相关指引文件，研究制定金融控股公司监督管理试行办法，完善金融监管制度。总体来看，我国金融风险由前几年的快速积累逐渐转向高位缓释，已经暴露的金融风险正得到有序处置，金融市场平稳运行，金融监管制度进一步完善，守住了不发生系统性金融风险的底线。

展望未来，全球经济金融动荡源和风险点仍在增多，国内经济下行压力有所加大，潜在风险隐患短时间内难以消除，但中国经济的韧性仍然较强，居民储蓄率高，微观基础充满活力，重要金融机构运行稳健，宏观政策工具充足，监管体制机制健全，防范化解风险经验丰富，我们完全有能力、有信心、有条件战胜各种困难和挑战。面对国内外复杂局势，我们要做的就是时刻保持清醒，把握长期大势，抓住主要矛盾，善于化危为机，办好自己的事。要继续坚持稳中求进工作总基调，坚持以供给侧结构性改革为主线，坚持推进改革开放，紧紧围绕“巩固、增强、提升、畅通”八字方针，下大力气做好稳就业、稳金融、稳外贸、稳外资、稳投资、稳预期各项工作。要推动优化融资结构和金融机构体系、市场体系、产品体系，进一步提高金融供给对实体经济的适应性和灵活性。要坚决打好防范化解重大金融风险攻坚战，平衡好稳增长与防风险的关系，压实各方责任，稳妥处置和化解各类风险隐患，守住不发生系统性金融风险底线，最大限度地保护广大人民群众合法权益。

目录

第一部分

宏观经济运行情况

2018年，中国经济保持平稳，经济结构持续优化，但经济发展面临的国内外形势更加复杂严峻，贸易摩擦带来的不确定性成为影响全球经济的重要因素，中国经济运行稳中有变、变中有忧，经济面临压力。下一步，要坚持稳中求进工作总基调，统筹推进稳增长、促改革、调结构、惠民生、防风险、保稳定工作，进一步稳就业、稳金融、稳外贸、稳外资、稳投资、稳预期，提振市场信心，保持经济持续健康发展和金融市场稳定。

一、国际宏观经济金融环境

（一）主要经济体经济形势

2018年以来，全球经济总体延续增长态势，但经济增长的同步性下降，未来经济增长的下行风险上升。美国经济总体稳健，欧元区经济增长放缓，日本经济波动性增大，新兴市场经济体增长出现分化。

美国经济冲高回落，通胀及就业数据总体稳健。美国2018年各季度国内生产总值（GDP）环比折年率增速分别为2.5%、3.5%、2.9%和1.1%，全年增长2.9%。通胀见高回落，至2018年6月、7月居民消费价格指数（CPI）一度高达2.9%，后逐渐回落至11月、12月的2.2%、1.9%；剔除波动性较高的能源、食品后，同期核心CPI温和上涨，自3月起始终保持略高于2%的水平。劳动力市场持续改善，全年失业率低位下行，第三季度降至3.7%，为近50年最低，12月微升至3.9%（见图1-1）。

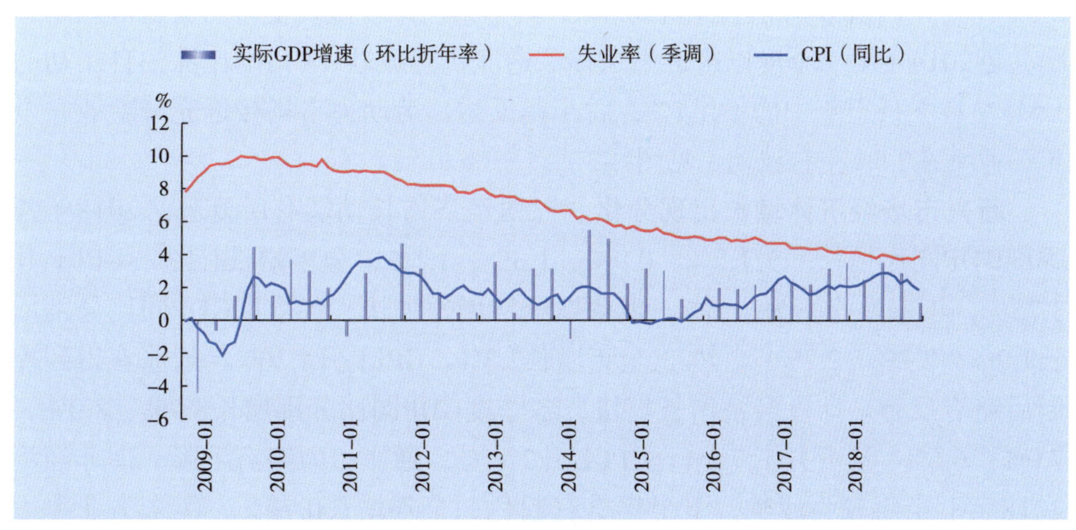

数据来源：美国经济分析局、美国劳工统计局、美联储、路透数据终端。

图1-1　美国主要经济金融指标

欧元区经济增长放缓。2018年各季度欧元区GDP季调同比分别为2.5%、2.2%、1.7%和1.2%；全年增长1.9%，低于2017年的2.4%。通胀水平总体较为温和，核心CPI同比涨幅全年徘徊在1.0%左右。失业率保持低位，由2017年末的8.6%下行至2018年末的7.9%（见图1–2）。

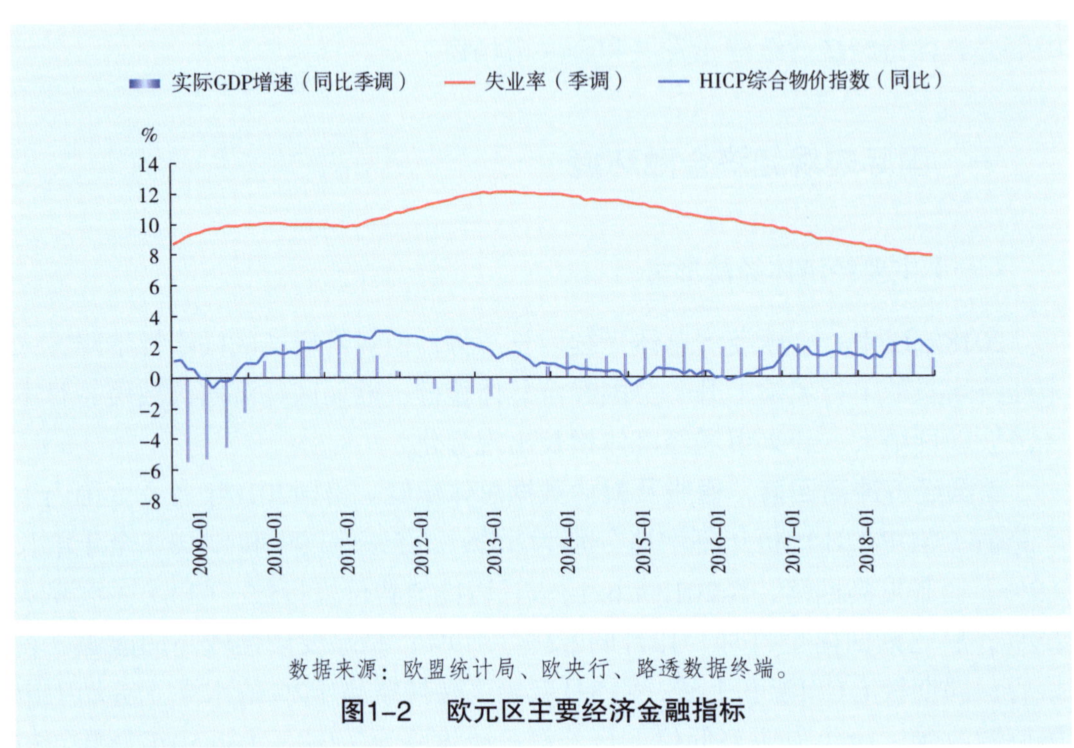

数据来源：欧盟统计局、欧央行、路透数据终端。

图1–2　欧元区主要经济金融指标

日本经济波动性增大。2018年各季度GDP环比折年率增速分别为–0.3%、2.2%、–2.5%和1.6%，全年增长0.8%，其中第三季度主要受自然灾害等因素影响，创2014年第二季度以来最大跌幅。通胀仍然疲软，CPI同比涨幅自年初的1.5%左右下行至年中的不足1%，后小幅反弹。劳动力市场接近充分就业，全年失业率在2.5%左右波动（见图1–3）。

新兴市场经济体增长出现分化。巴西经济增长动能有所复苏，2018年各季度GDP同比增长率为1.2%、0.9%、1.3%、1.1%，全年增长1.1%，CPI上升3.75%，年末失业率为11.6%。俄罗斯经济增长加快，各季度GDP同比分别增长1.9%、2.2%、2.2%、2.7%，全年增长2.3%，CPI上升4.26%，通胀在得到控制后略有反弹。印度经济增长较快，各季度GDP同比分别增长8.9%、8.0%、7.0%、6.6%，全年增长7.6%，CPI上升2.11%，通胀压力略有下降。南非经济2018年上半年较为疲软，下半年略有起色，全年增长0.79%，年末失业率为27.1%，仍居高不下。阿根廷、土耳其受金融市场动荡影响，2018年GDP增速均有较大下滑，其中阿根廷全年GDP下降2.5%。

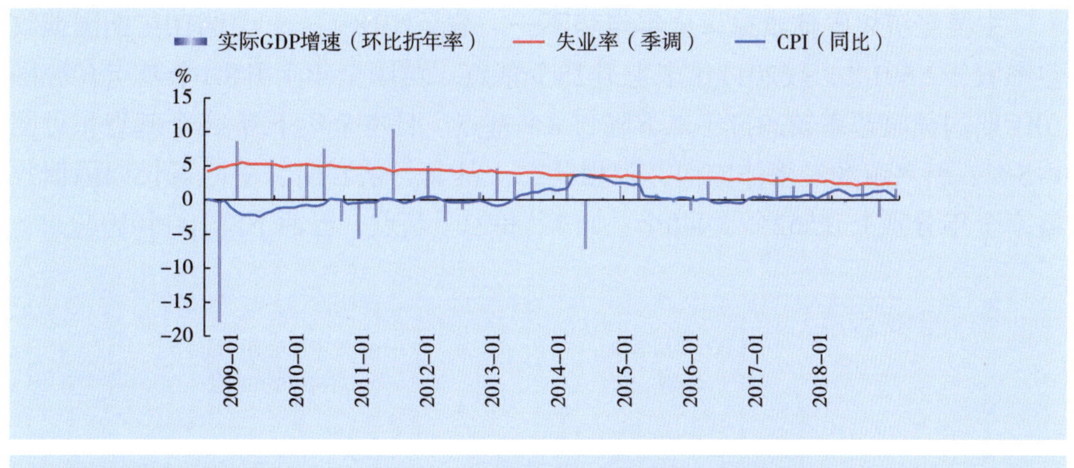

数据来源：日本内阁府、日本统计局、日本银行、路透数据终端。

图1-3　日本主要经济金融指标

（二）国际金融市场形势

美元指数上涨，部分新兴经济体货币贬值明显。截至2018年末，美元指数收于96.07，较2017年末上涨4.09%。欧元收于1.1469美元/欧元，较2017年末贬值4.39%。英镑收于1.2757美元/英镑，较2017年末贬值5.59%。日元收于109.56日元/美元，较2017年末升值2.84%（见图1-4）。新兴市场经济体方面，阿根廷比索、土耳其里拉、巴西雷亚尔、印度卢比、巴基斯坦卢比和俄罗斯卢布对美元较2017年末分别贬值50.57%、28.34%、14.65%、8.24%、20.35%和17.25%。

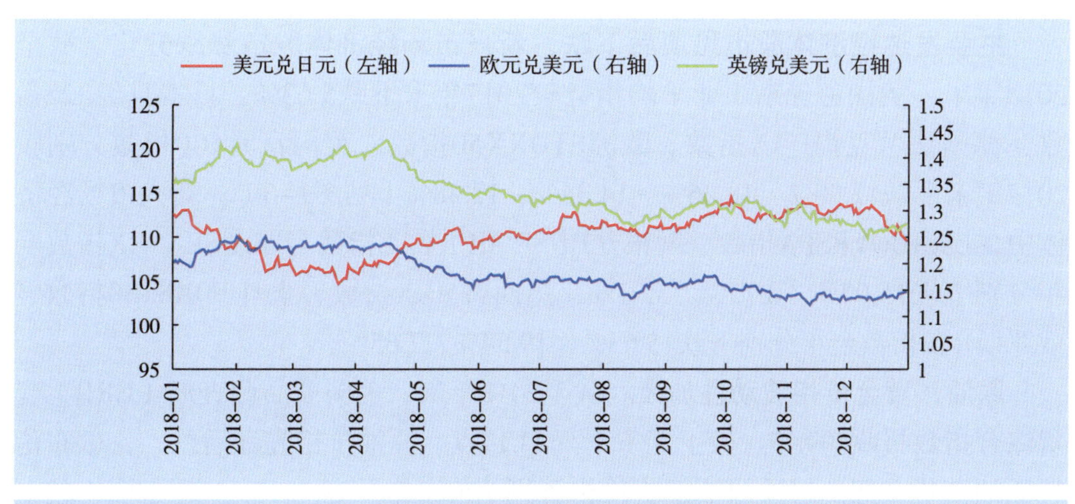

数据来源：路透数据终端。

图1-4　主要货币汇率走势

主要经济体国债收益率全年走势不一。截至2018年末，美国10年期国债收益率收于2.691%，较2017年末上升28个基点。英国全年上升8.1个基点。德国10年期国债收益率较2017年末下降17.8个基点。日本全年下降4.8个基点（见图1-5）。新兴市场经济体方面，阿根廷、土耳其、俄罗斯、墨西哥长期国债收益率全年分别上升562个、440个、114个和93个基点，巴西下降100个基点。

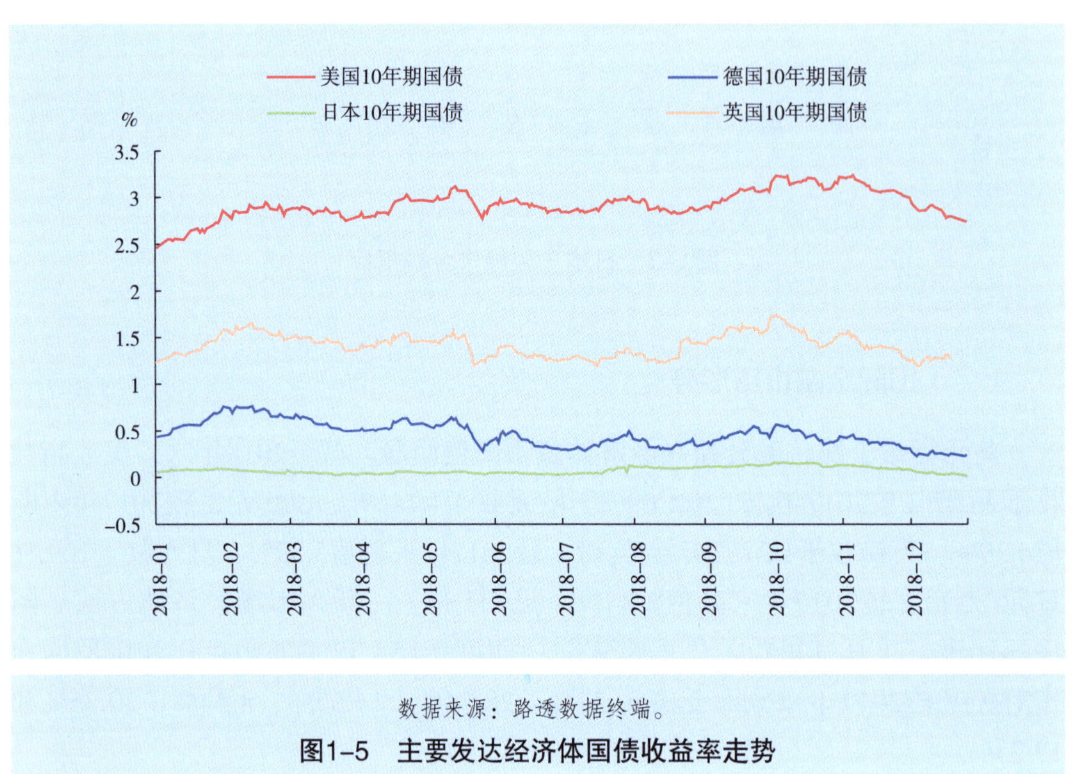

数据来源：路透数据终端。

图1-5　主要发达经济体国债收益率走势

主要发达经济体股市见顶后下跌，新兴市场经济体股市涨跌分化。截至2018年末，美国道琼斯工业平均指数较2017年末下跌5.63%。日本日经225指数、德国法兰克福DAX指数、欧洲STOXX50指数、英国富时100指数分别较2017年末下跌12.08%、18.26%、14.34%、12.48%（见图1-6）。新兴市场经济体中，巴西BOVESPA指数、阿根廷BUSE MERVAL指数与印度SENSEX指数全年分别上涨15.03%、0.75%、5.91%；墨西哥MXX指数、土耳其BIST30指数、俄罗斯RTS指数全年分别下跌15.63%、19.54%、7.65%。

原油、黄金价格波动性加大。截至2018年末，美国商品调查局（CRB）现货综合指数报收409.17，较上年末下降23.17点。原油价格先涨后跌，伦敦布伦特原油期货和纽约轻质原油期货价格分别为53.8美元/桶和45.41美元/桶，较上年末分别下跌19.5%和24.8%。黄金价格先跌后涨，国际金价波动性加大，年末黄金期货价格为1278.3美元/盎司，较上年末下降2.1%（见图1-7）。

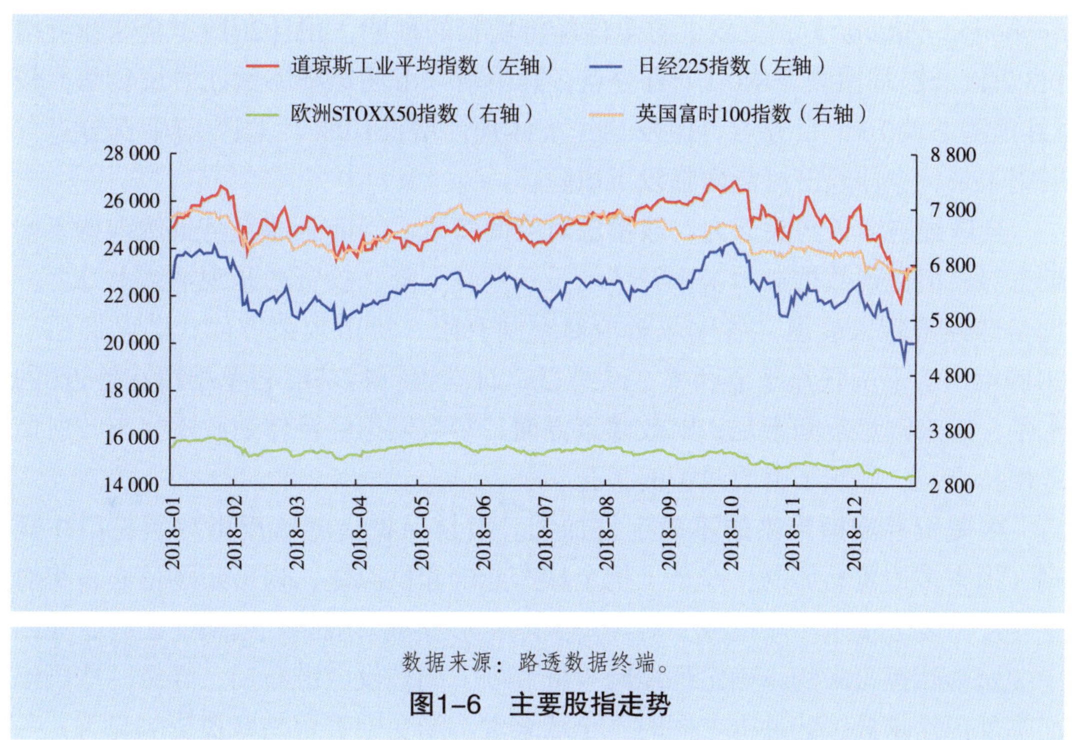

数据来源：路透数据终端。

图1–6 主要股指走势

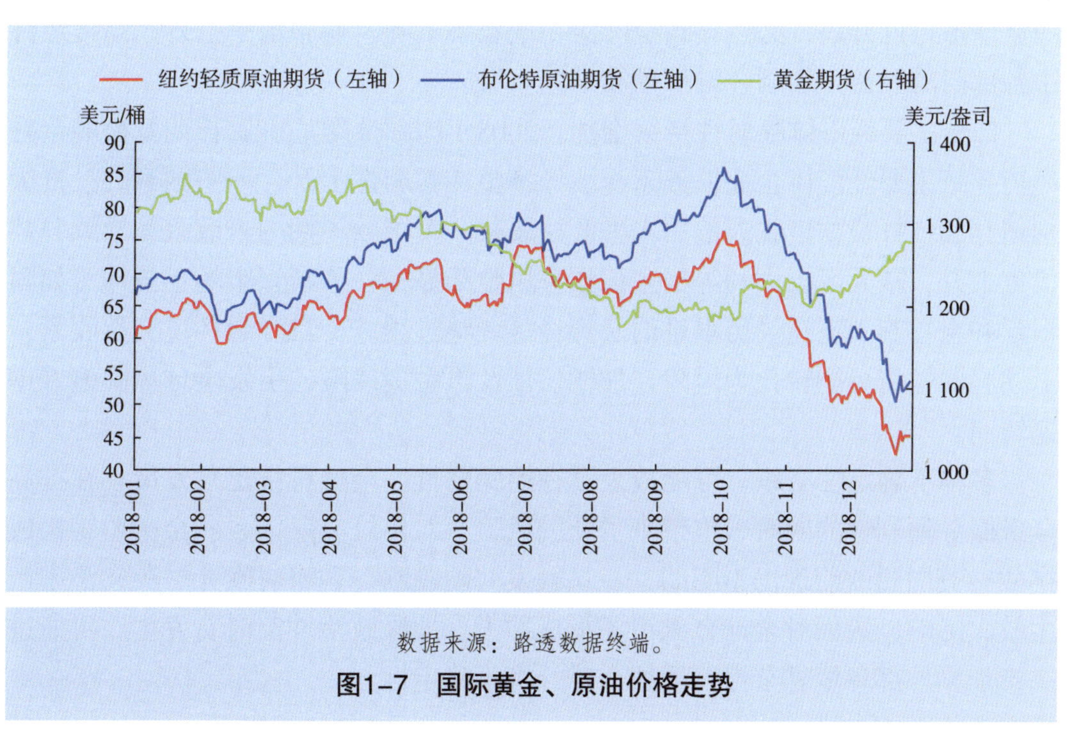

数据来源：路透数据终端。

图1–7 国际黄金、原油价格走势

（三）风险与挑战

2019年7月，国际货币基金组织（IMF）发布《世界经济展望》（*World*

Economic Outlook），更新了对全球经济增长的预期，预计2019年全球经济增长3.2%，较4月预测下调0.1个百分点，其中新兴市场经济体预计增长4.1%，较4月预测下调0.3个百分点，但发达经济体预计增长1.9%，上调0.1个百分点。展望未来，全球经济可能面临以下风险。

全球经济增长势头乏力，政策应对空间有限。当前全球经济虽然维持了增长态势，但微观数据显示未来经济增长预期在下降，投资者悲观情绪上升。一旦全球经济转入衰退，各国政策应对空间有限。货币政策方面，美联储已于2019年三次下调联邦基金利率，欧央行、日本银行将基准利率维持在接近0的水平，未来降息空间不足；财政政策方面，多数发达经济体财政赤字与政府债务保持高位，限制了财政政策的扩张。

中美贸易摩擦带来的不确定性加大。贸易保护措施违反世界贸易组织规则，损害多边贸易体制，严重干扰全球产业链和供应链，损害市场信心，将对全球经济复苏带来严峻挑战，对经济全球化形成重大威胁。近期，已有企业因中美贸易摩擦带来的不确定性缩减投资计划、调整供应链布局，导致一些国家面临外部需求放缓的冲击。同时，全球金融市场受中美贸易摩擦影响显著，一度随贸易局势的变化而出现大幅震荡。解决中美贸易摩擦的谈判持久而艰难，一旦摩擦再度升级，必然导致全球潜在增长率下降、通胀水平上升，损害经济中各部门的利益，加剧金融市场波动。

部分主要经济体脆弱性持续增加。2008年国际金融危机后长期宽松的金融环境导致主要经济体企业债务累积、经济整体脆弱性上升，一些国家的投资级别债券和杠杆贷款借款人信用水平开始恶化。美国顺周期的财政政策导致公共债务上升，欧元区意大利等国主权债务风险凸显，一些新兴市场经济体（如阿根廷和土耳其）正在经历艰难的宏观经济调整过程。一旦金融环境突然收紧，上述脆弱性将可能转化为风险，加剧偿债及再融资风险，引发全球风险偏好迅速转向。

多种不确定性交织，可能放大潜在的脆弱性。金融科技迅猛发展，在提高金融服务便利性的同时，也带来了新的风险，对传统金融体系和金融监管构成挑战。英国脱欧前景仍不明朗，一旦触发“硬脱欧”，将对欧元、英镑汇率产生较大影响，进而对全球金融市场形成冲击。地缘政治冲突时有发生，可能进一步加剧外部环境复杂性，增加全球经济不确定性。

二、国内宏观经济运行

2018年，面对错综复杂的经济金融形势，有关部门严格落实党的十九大作出的战略部署，坚持稳中求进工作总基调，按照高质量发展要求，有效应对外部环境深刻变化，迎难而上、扎实工作，宏观调控目标较好完成，三大攻坚战开局良好，供给侧结构性改革深入推进，改革开放力度加大，稳妥应对中美贸易摩擦，人民生活持续改善，保持了经济持续健康发展和社会大局稳定，朝着实现全面建成小康社会的目标迈出了新的步伐。

（一）经济增长保持平稳，产业结构持续优化

国家统计局初步核算，2018年我国GDP为90.03万亿元，按可比价格计算，同比增长6.6%，各季度增速分别为6.8%、6.7%、6.5%和6.4%，保持了较为平稳的增长态势（见图1–8）。分产业看，第一产业增加值6.47万亿元，同比增长3.5%；第二产业增加值36.60万亿元，同比增长5.8%；第三产业增加值46.96万亿元，同比增长7.6%。从产业增加值占GDP比重看，第一产业为7.2%，比上年下降0.4个百分点；第二产业为40.7%，比上年提高0.2个百分点；第三产业为52.2%，比上年提高0.3个百分点。

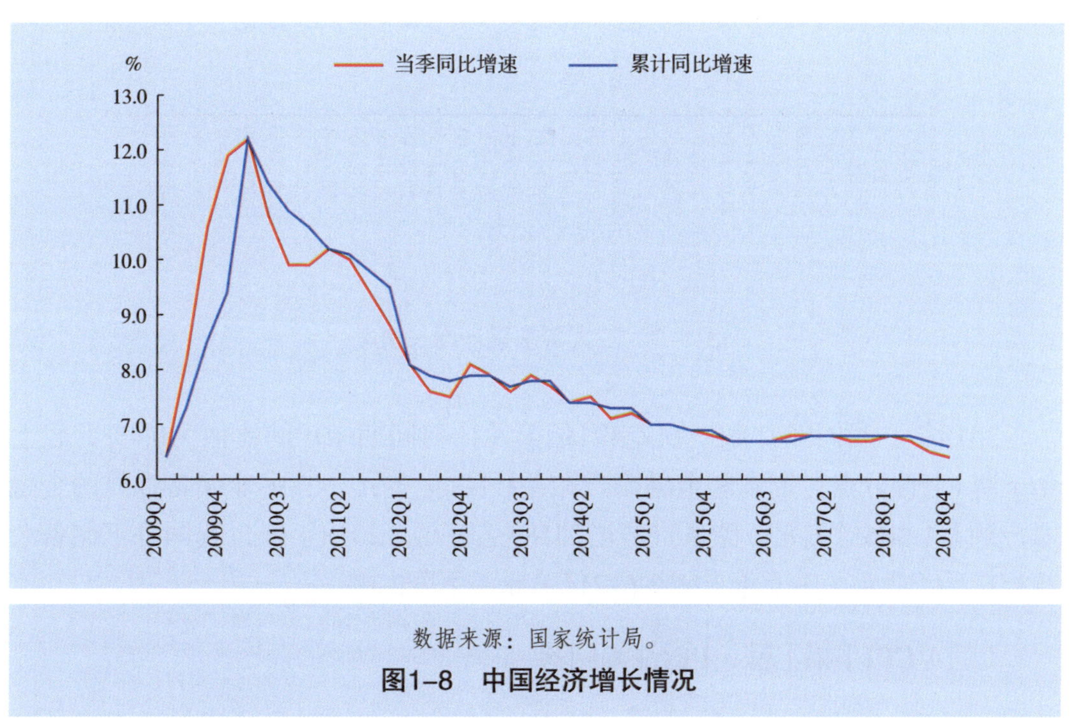

数据来源：国家统计局。

图1–8　中国经济增长情况

（二）需求结构继续优化，国际收支保持平衡

2018年，固定资产投资（不含农户）63.56万亿元，同比增长5.9%，增速比上年回落1.3个百分点。社会消费品零售总额38.10万亿元，同比增长9.0%，

增速比上年回落1.2个百分点。货物进出口总额30.51万亿元，同比增长9.7%。其中，出口16.42万亿元，增长7.1%；进口14.09万亿元，增长12.9%。进出口相抵，全年贸易顺差2.33万亿元。需求结构不断优化，消费对经济增长的基础作用更加显著。2018年，最终消费支出对经济增长的贡献率为76.2%，比上年提高18.6个百分点；资本形成总额对经济增长的贡献率为32.4%，比上年回落1.4个百分点；货物和服务净出口对经济增长的贡献率为–8.6%，比上年回落17.2个百分点。内需成为稳定经济增长的压舱石（见图1–9）。

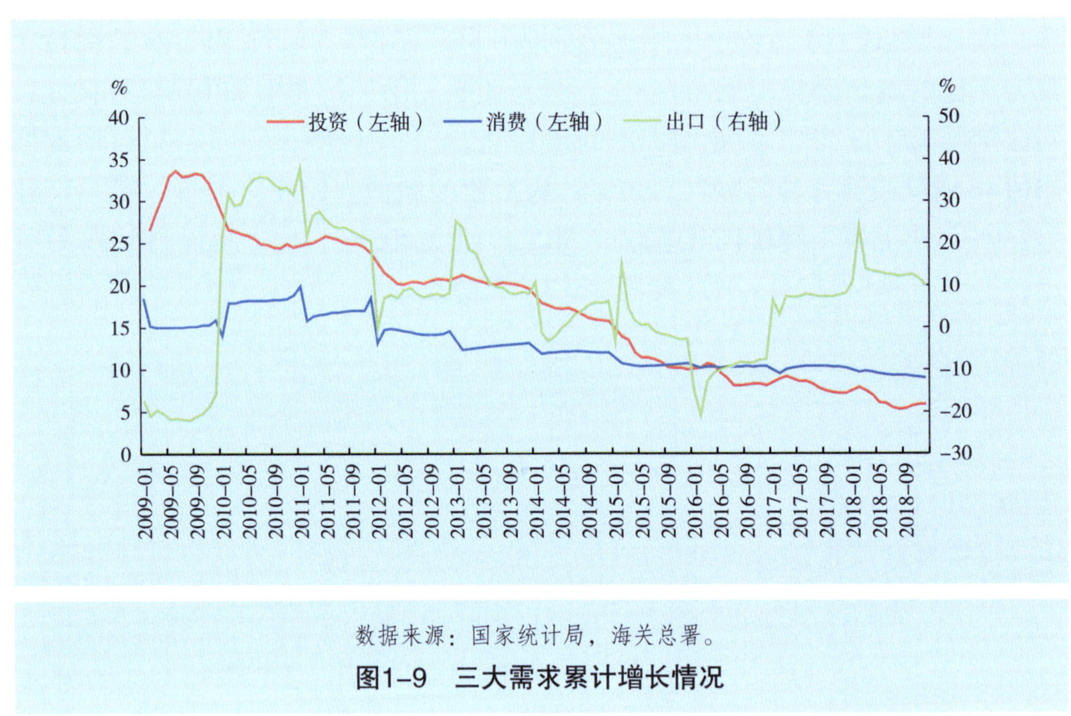

数据来源：国家统计局，海关总署。

图1–9 三大需求累计增长情况

2018年，我国经常账户顺差491亿美元，与同期GDP的比值为0.4%，较上年下降1个百分点；资本和金融账户顺差1 111亿美元，其中非储备性质的金融账户顺差1 306亿美元，储备资产增加189亿美元。2018年末，我国外汇储备余额3.07万亿美元，比上年末减少672亿美元，下降2.1%。

（三）CPI小幅上涨，PPI涨幅回落

2018年，CPI同比上涨2.1%，涨幅比上年扩大0.5个百分点，其中各季度分别上涨2.2%、1.8%、2.3%和2.2%。分类来看，食品价格上涨1.8%，涨幅比上年提高3.2个百分点；非食品价格上涨2.2%，涨幅比上年回落0.1个百分点；消费品价格上涨1.9%，涨幅比上年提高1.2个百分点；服务价格上涨2.5%，涨幅比上年回落0.5个百分点。

2018年，工业生产者出厂价格指数（PPI）同比上涨3.5%，涨幅比上年回落2.8个百分点，其中各季度分别上涨3.7%、4.1%、4.1%和2.3%。其中，生活资料价格走势平稳，生产资料价格上涨较多。生活资料价格上涨0.5%，涨幅比上年低0.2个百分点；生产资料价格上涨4.6%，涨幅比上年低3.7个百分点。工业生产者购进价格指数（PPIRM）上涨4.1%，涨幅比上年低4.0个百分点，其中各季度涨幅分别为4.4%、4.4%、4.7%和3.0%（见图1-10）。

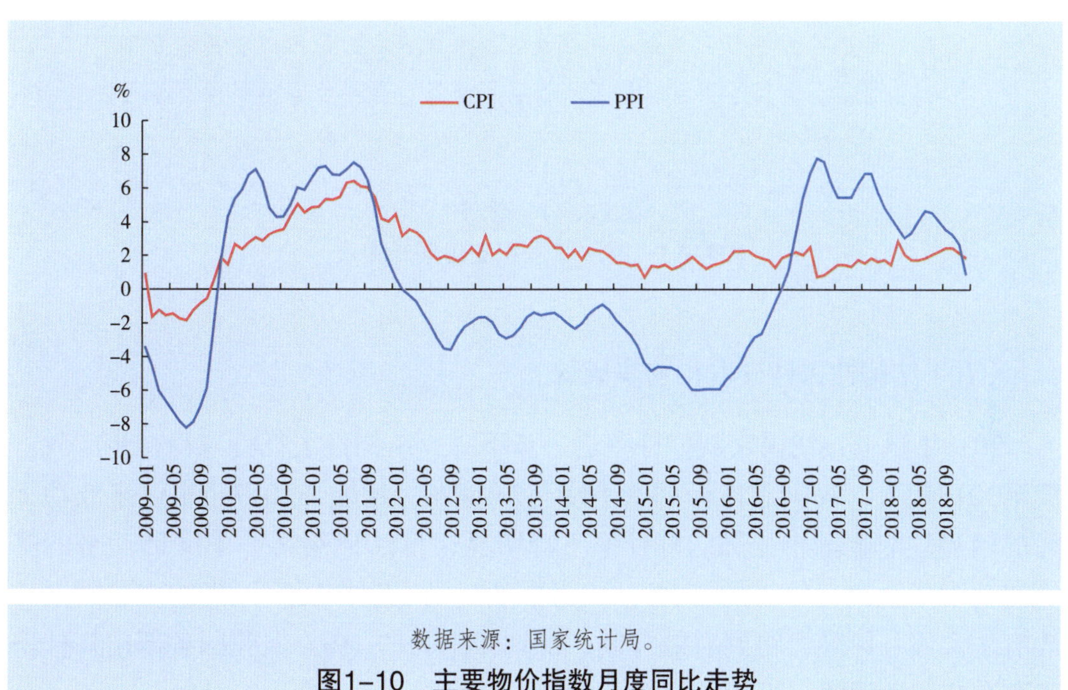

数据来源：国家统计局。

图1-10　主要物价指数月度同比走势

（四）财政收支运行总体平稳

2018年，全国一般公共预算收入18.34万亿元，同比增长6.2%，增速比上年回落1.2个百分点。其中，中央一般公共预算收入8.55万亿元，占全国一般公共预算收入的46.6%，同比增长5.3%；地方一般公共预算本级收入9.79万亿元，同比增长7.0%。从收入结构看，税收收入15.64万亿元，占全国一般公共预算收入的85.3%，同比增长8.3%；非税收入2.70万亿元，同比下降4.7%。

全年全国一般公共预算支出22.09万亿元，同比增长8.7%，增速比上年提高1.1个百分点。其中，中央一般公共预算本级支出3.27万亿元，同比增长8.8%；地方一般公共预算支出18.82万亿元，同比增长8.7%（见图1-11）。

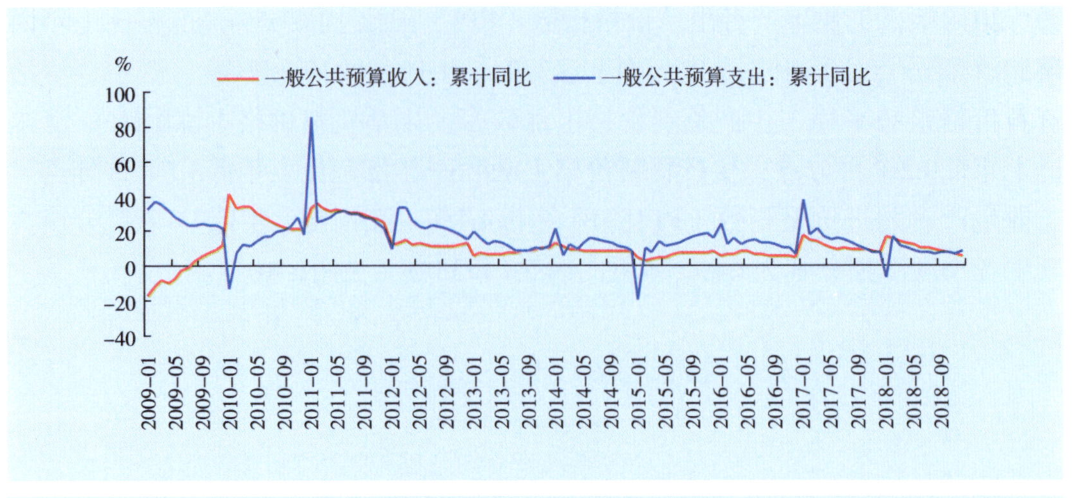

数据来源：财政部。

图1-11 财政收入和支出增长情况

（五）结构性去杠杆取得初步成效

2018年以来，我国宏观杠杆率进一步下降，结构性去杠杆取得初步成效。截至2018年末，我国总杠杆率水平降至249.4%，延续了2017年末以来波动下降的趋势。非金融企业部门杠杆率下降明显，自2018年第一季度157.8%的峰值波动下降至2018年末的152%，成为推动我国宏观杠杆率下降的主要因素。政府法定债务风险已得到有效控制，2018年末为37.1%。但我国各部门杠杆率仍存在结构性问题，相关风险值得关注。

（六）工业企业利润保持较快增长

2018年，全国规模以上工业企业实现主营业务收入102.2万亿元，同比增长8.5%；主营业务成本85.7万亿元，同比增长8.3%；实现利润总额6.64万亿元，同比增长10.3%；主营业务收入利润率为6.49%，比上年提高0.11个百分点①。在41个工业大类行业中，32个行业利润总额比上年增加，9个行业减少。

人民银行5 000户企业调查结果表明工业企业收入利润增长、资产负债率下降。从盈利看，样本企业主营业务收入和利润均有所提升。5 000户工业企

① 根据国家统计局发布的信息，上述数据均按可比口径计算，考虑统计制度规定的口径调整、统计执法增强、剔除重复数据、企业改革剥离等因素影响。

业2018年主营业务收入同比提升7.9%，增速比上年[①]收窄5.6个百分点。利润总额同比提升9.3%，增速比上年收窄38个百分点。从资产周转看，样本企业存货周转率较上年略有提升，总资产周转率与上年基本持平，营业周期有所减短。2018年，5 000户工业企业存货周转率为5.6次，比上年提高0.3次；总资产周转率为0.8次，与上年基本持平；企业营业周期为125.4天，比上年减少7.7天。从资产负债率看，样本企业资产负债率有所下降，长期偿债能力有所提升。2018年末，5 000户工业企业资产负债率下降至58.9%，比上年末下降1.3个百分点；流动比率为106.8%，比上年末提升2.1个百分点；速动比率81.7%，比上年末提升2.2个百分点（见图1–12）；利息保障倍数为6倍，比上年末提升0.4。

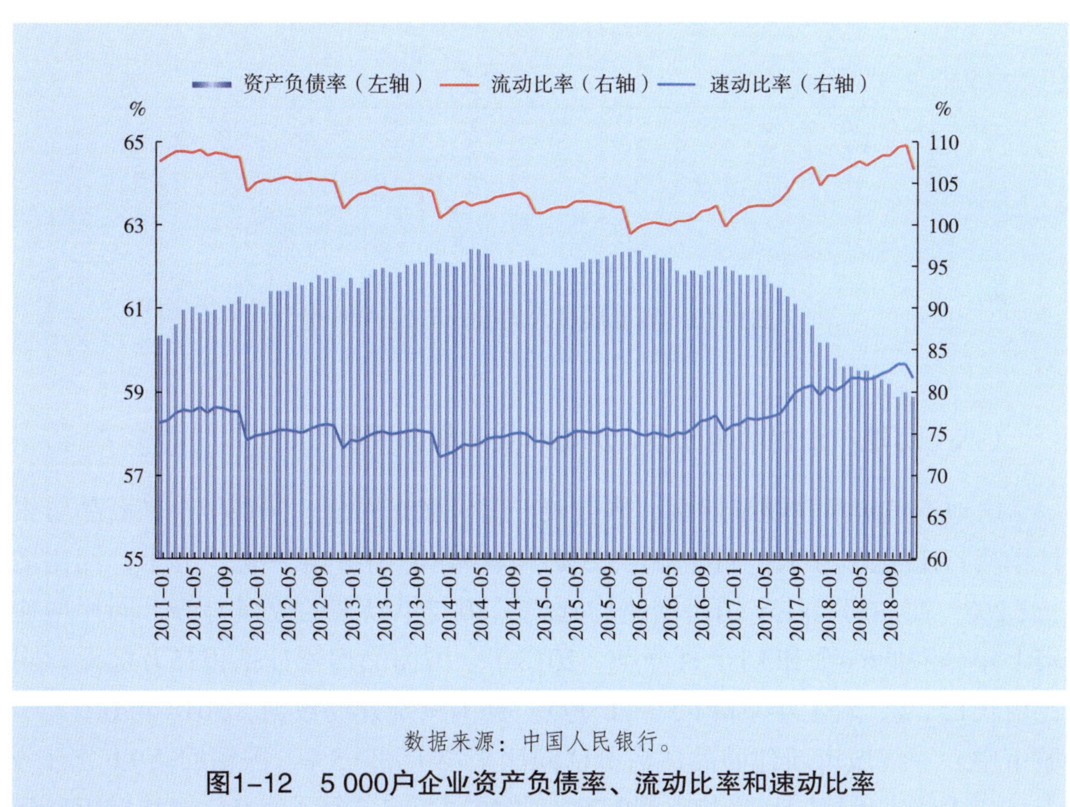

数据来源：中国人民银行。

图1–12　5 000户企业资产负债率、流动比率和速动比率

（七）就业形势保持稳定，居民收入稳定增长

2018年，城镇新增就业1 361万人，比上年多增10万人，各月全国城镇调查失业率保持在4.8%~5.1%。全国居民人均可支配收入28 228元，扣除价格因素实际同比增长6.5%，与经济增长基本同步。其中，城镇居民人均可支配收

① 由于样本企业调整、财务数据更新等原因，上述数据均按可比口径计算。

入39 251元，实际增长5.6%；农村居民人均可支配收入14 617元，实际增长6.6%。城乡居民人均收入倍差2.69，比上年缩小0.02（见图1-13）。

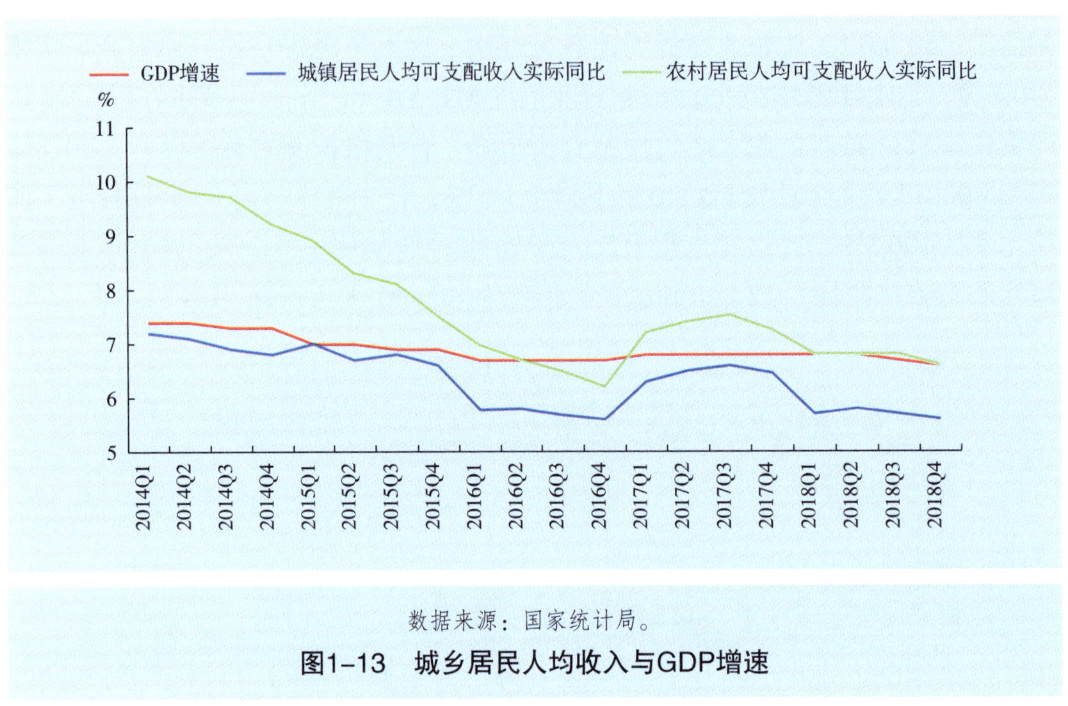

数据来源：国家统计局。

图1-13 城乡居民人均收入与GDP增速

（八）房地产销售增速放缓，房地产贷款整体平稳

房地产销售增速继续放缓，热点城市房价涨幅回落。2018年全国商品房累计销售17.17亿平方米，同比增长1.3%；其中住宅销售14.79亿平方米，同比增长2.2%，商品房与住宅销售增速均延续了2017年以来的放缓趋势，同比增速较上年分别低6.4个和3.1个百分点。2018年全国商品房累计销售15万亿元，同比增长12.2%，较上年下降1.5个百分点。据国家统计局数据，2018年70个大中城市中，一线城市新建商品住宅价格同比平均上涨0.5%，涨幅回落9.6个百分点；二手住宅价格同比平均上涨0.7%，涨幅回落11.3个百分点。二线城市新建商品住宅价格同比平均上涨7.6%，涨幅回落1.5个百分点；二手住宅价格同比平均上涨5.8%，涨幅回落2.1个百分点。三线城市新建商品住宅价格同比平均上涨7.8%，涨幅与2017年相同；二手住宅价格同比平均上涨5.9%，涨幅扩大0.5个百分点。

房地产贷款增速整体平稳，个人住房贷款增速回落。截至2018年末，我国房地产贷款余额38.7万亿元，同比增长20%，增速较2017年回落0.85个百分点。其中，房地产开发贷款余额10.19万亿元，同比增长22.6%，增速较上年提升5.5个百分点；住房开发贷款7.33万亿元，同比增长31.9%，增速提高5.6个百分点，主要受房企融资表外回归表内影响；全国个人住房贷款余额25.85万亿元，同比增长17.8%，增速较上年下降4.4个百分点，较2016年高位回落近19个百分点。

三、展望

2019年是新中国成立70周年，是全面建成小康社会关键之年，做好经济工作至关重要。面对错综复杂的经济金融形势和严峻的内外部挑战，要以习近平新时代中国特色社会主义思想为指导，全面贯彻党的十九大和十九届二中、三中、四中全会精神，统筹推进“五位一体”总体布局，协调推进“四个全面”战略布局，坚持稳中求进工作总基调，坚持新发展理念，坚持推动高质量发展，坚持以供给侧结构性改革为主线，坚持深化市场化改革、扩大高水平开放，加快建设现代化经济体系，继续打好三大攻坚战，着力激发微观主体活力，创新和完善宏观调控，统筹推进稳增长、促改革、调结构、惠民生、防风险、保稳定工作，保持经济运行在合理区间，进一步稳就业、稳金融、稳外贸、稳外资、稳投资、稳预期，提振市场信心，保持经济持续健康发展和社会大局稳定，为全面建成小康社会收官打下决定性基础。

适时适度开展逆周期调节。继续实施积极的财政政策和稳健的货币政策，适时预调微调，稳定总需求；积极的财政政策要加力提效，实施更大规模的减税降费，较大幅度增加地方政府专项债券规模；稳健的货币政策要松紧适度，保持流动性合理充裕，改善货币政策传导机制，提高直接融资比重，解决好民营企业和小微企业融资难融资贵问题。结构性政策要强化体制机制建设，深化国资国企、财税金融、土地、市场准入、社会管理等领域改革，强化竞争政策的基础性地位，创造公平竞争的制度环境，鼓励中小企业加快成长。

深化金融供给侧结构性改革。围绕建设现代化经济的产业体系、市场体系、区域发展体系、绿色发展体系等提供精准金融服务，构建风险投资、银行信贷、债券市场、股票市场等全方位、多层次金融支持服务体系。以金融体系结构调整优化为重点，优化融资结构和金融机构体系、市场体系、产品体系。构建多层次、广覆盖、有差异的银行体系，坚持以市场需求为导向，积极开发个性化、差异化、定制化金融产品，改进小微企业和“三农”金融服务。完善资本市场基础性制度，把好市场入口和市场出口两道关，加强对交易的全程监管。支持技术创新，推动制造业高质量发展。

将防范化解重大金融风险攻坚战向纵深推进。坚持稳中求进工作总基调，平衡好稳增长和防风险的关系，控制重点领域信用风险。稳妥化解影子银行风险，推动金融机构资产管理业务有序整改和平稳转型。有序处置高风险金融机构风险，健全金融机构公司治理，扎实推进存款保险制度实施，推动完善市场化、法治化的金融风险处置机制。大力整顿金融秩序，坚决打击非法金融机构和非法金融活动。加强金融风险监测与评估，动态排查金融风险情况，制定风险处置预案，做好央行金融机构评级、压力测试、稳健性评估等工作，完善防控金融风险的政策工具箱。积极参与国际金融监管规则制定，推动完善全球金融治理体系。继续提升资本市场制度建设，维护金融市场平稳运行。

推动深化改革和全方位对外开放。创造公平竞争的市场环境，激发各类市场主体特别是民营经济和企业家活力，提升金融领域激励机制的有效性，强化正向激励机制。适应新形势、把握新特点，推动由商品和要素流动型开放向规则等制度型开放转变。进一步深化利率市场化和人民币汇率形成机制改革，完善金融调控机制。推动全面落实开发性金融机构、政策性银行改革方案。进一步补齐监管短板，尽快出台金融控股公司监管规则与系统重要性金融机构监管相关细则。建立健全金融市场基础设施的统筹管理框架，确保金融市场整体稳定和安全高效运行。放宽市场准入，全面实施准入前国民待遇加负面清单管理制度，保护外商在华合法权益特别是知识产权，允许更多领域实行独资经营。按照“宜快不宜慢、宜早不宜迟”的原则，深入推动落实已宣布的金融业对外开放政策。推动共建“一带一路”，发挥企业主体作用，有效管控各类风险。促进贸易和投资自由化便利化。

专题一　打好防范化解重大金融风险攻坚战

防范化解重大风险是决胜全面建成小康社会三大攻坚战的首要战役。习近平总书记指出，金融风险是当前最突出的重大风险之一，打好防范化解重大金融风险攻坚战是当前金融工作的重中之重。按照中央的部署和要求，相关部门积极推动结构性去杠杆，精准有效处置重点领域风险，并根据经济金融形势变化，将防范金融风险与服务实体经济、深化金融改革结合，把握好政策力度和节奏，加强预调微调和预期管理，取得积极成效。

一、攻坚战总体部署

按照党中央、国务院决策部署，打好防范化解重大金融风险攻坚战应贯彻落实“稳定大局、统筹协调、分类施策、精准拆弹”的基本方针，重点推进以下工作：一是有效稳住宏观杠杆率，控制重点领域信用风险；二是稳妥化解影子银行风险；三是有序处置各类高风险金融机构风险；四是全面清理整顿金融秩序；五是深化金融业改革开放，加强预期管理和舆论引导，切实防范金融市场异常波动和外部冲击风险。在时间计划上分三年推进：2018年边制订攻坚战行动方案，边落实各项工作举措，已实现良好开局；2019年承上启下，全面、纵深推进各项任务部署；2020年是攻坚战收官之年，力争从基本完成风险治标逐步向治本过渡，完成攻坚战的既定任务。同时，根据宏观形势和外部环境变化，在总体方针不变的基础上，加强政策预调微调，更加注重宏观政策松紧适度。

二、攻坚战取得良好开局

2018年以来，金融系统认真贯彻落实党中央、国务院决策部署，按照中央确定的思路和举措，落实攻坚战各项任务措施，取得积极成效。

（一）有效稳住宏观杠杆率

一是宏观上管好货币总闸门。2018年末，M_2余额同比增长8.1%，社会融资规模同比增长9.8%，与名义GDP增速基本匹配。二是推动企业降杠杆。定向降低17家商业银行存款准备金率，释放5 000亿元资金用于支持市场化、法治化债转股。截至2018年末，债转股签约金额超过2万亿元，落地金额超过6 000亿元。三是控制居民部门杠杆过快增长。商业银行合理管控个人住房贷款增长，2018年末个人住房贷款余额25.8万亿元，同比增长17.8%，增速同比下降4.4个百分点。四是积极化解地方政府隐性债务。坚决遏制隐性债务增量，妥善化解隐性债务存量，积极防范化解地方政府隐性债务风险。总体来看，各项政策措施成效逐步显现，2018年末，我国宏观杠杆率总水平为249.4%，比2017年末下降了1.5个百分点，宏观杠杆率高速增长势头得到初步遏制。

（二）改善支持实体经济发展的金融服务

一是营造适宜的货币金融环境。2018年通过4次降准和增量开展中期借贷便利（MLF）操作等措施共释放中长期资金4万亿元，累计置换MLF1.35万亿元，释放资金大部分用于增加对民营、小微及创新型企业贷款。截至2018年末，普惠型小微贷款余额9.36万亿元，同比增长21.79%；小微企业贷款平均利率为6.16%，已连续5个月下降，累计下降0.39个百分点。二是加大对民营、小微企业的金融支持力度。增加支农支小再贷款和再贴现额度共4 000亿元，下调支小再贷款利率0.5个百分点。创设定向中期借贷便利（TMLF）工具、民营企业债券融资支持工具。从民营企业债券融资支持工具设立至2018年底，全国债券市场创设信用风险缓释凭证和信用保护工具67.1亿元，支持41家民营企业发行58只公司信用类债券共247.4亿元。同时，研究创设民营企业股权融资工具，按照市场化法治化原则，为民营企业提供阶段性股权融资支持，将在报经批准后适时推出。适当扩大央行担保品范围，全面推广信贷资产质押再贷款和央行内部（企业）评级工作。在全国范围内，有90家法人金融机构将经央行内部（企业）评级合格的以小微企业贷款为主的信贷资产作为合格抵押品，全年累计获得159.7亿元再贷款。相关措施发挥了引领市场预期、修复企业融资信心的作用，民营、小微企业融资成本总体下行。

（三）平稳有序处置高风险机构

优先处置风险已暴露、具有系统性影响的重点机构风险，在依法依规前提下，既防范系统性风险，又防范道德风险。2018年2月23日，相关部门依法对安邦集团实施接管。目前接管工作取得阶段性成效：一是综合施策，妥善应对集中退保和给付风险。二是剥离与保险主业协同性不强的境外资产、非核心金融牌照等，有超过1万亿元的各类资产已经或正在处置。三是推进业务转型，持续降低中短期理财产品规模和占比。四是完成清产核资，推动重组和引入战略投资者工作，设立大家保险集团，依法受让安邦集团部分子公司股权、资产和负债，积极引入合格战略投资者。

稳妥果断处置包商银行风险，防止风险恶化和蔓延。包商银行出现严重信用风险，为保护存款人和其他客户合法权益，人民银行、银保监会依法于2019年5月24日果断对包商银行实施接管。在各方共同努力下，接管托管工作进展顺利，包商银行正常经营，未出现客户挤兑等群体性事件，大额债权收购与转让工作等第一阶段工作提前完成，后续有关工作正在有序推进。总体来看，果断实施接管发挥了及时“止血”作用，避免了包商银行风险进一步恶化。存款保险基金出资、人民银行提供资金支持，以收购大额债权方式处置包商银行风险，是较为稳妥的处置方式，既最大限度地保护了客户合法权益，避免了客户挤兑和风险向众多交易对手扩散，又依法依规打破了刚性兑付，实现对部分机构激进行为的纠偏，进而强化市场纪律。同时，人民银行适时适度向市场投放流动性，及时稳定了市场信心，有效遏制了包商银行风险向其他中小金融机构蔓延，守住了不发生系统性风险底线。

（四）大力整顿金融秩序

一是扎实推进互联网金融风险专项整治。网络借贷机构从5 000家减少到1 490家，国内173家虚拟货币交易及代币发行融资平台已全部无风险退出。二是完成非银行支付服务市场专项整治工作，整顿市场秩序。从严监管持证机构，组建网联平台，开展“断直连”工作并按计划顺利完成支付机构客户备付金集中存管；持续打击无证经营支付业务行为，截至2019年6月，共清理处置389家无证机构，其中69家移送公安、工商等部门。三是继续严厉打击非法集资活动，及时查处大案要案。截至2019年4月末，共摸排发现互联网资产管理机构282家，其中，202家机构存量清零，47家停业失联机构已列入经营异常名录并提请市场监管部门吊销营业执照，31家机构已移送公安部门、处置非法集资工作机制进行打击取缔。四是稳步推进各类交易场所清理整顿工作。交易场所违法违规、无序扩张、风险蔓延的势头得到有效遏制，市场秩序明显好转，交易场所监管制度逐步健全完善。

（五）防范金融市场异常波动和外部冲击风险

有序处置民营企业债券违约事件，逐步打破债券市场刚性兑付。强化债券市场监管，完善违约债券市场化处置机制。积极稳妥化解股票市场风险。稳步推进股票质押风险纾解工作，发布《关于股票质押式回购交易相关事项的通知》，通过设立专项基金、专项资管计划、发行纾困债等市场化方式化解存量风险。加强私募基金风险排查和处置，加大对场外非法配资活动的打击力度。及时调整外汇风险准备金政策，适时启动逆周期因子，调控离岸人民币流动性，有效应对了几次大的跨境资本流动冲击，保持人民币汇率在合理均衡水平上的基本稳定。

（六）完善金融监管制度

出台《关于规范金融机构资产管理业务的指导意见》及配套实施细则，整治金融市场乱象，金融机构资产管理业务、同业业务的套利空间和行业泡沫被挤压，影子银行无序发展得到控制。发布《关于加强非金融企业投资金融机构监管的指导意见》，防范实业风险与金融业风险交叉传染。发布《关于完善系统重要性金融机构监管的指导意见》，防范金融机构“大而不能倒”风险。研究制定金融控股公司监督管理试行办法，开展模拟监管试点。

（七）金融业对外开放取得积极成果

近年来，中国加快金融业对外开放步伐。2018年以来，人民银行会同有关部门，加快推出对外开放措施，取得了一系列积极成果。

银行、证券、保险业推出新一轮开放措施。取消银行和金融资产管理公司的外资持股比例限制；鼓励境外金融机构参与设立、投资入股商业银行理财子公司；允许境外资产管理机构与中资银行或保险公司的子公司合资设立由外方控股的理财公司；对商业银行新发起设立的金融资产投资公司，不设置外资持股比例限制；允许境外金融机构投资设立、参股养老金管理公司，支持外资全资设立或参股货币经纪公司；将证券公司、基金管理公司、期货公司、人身险公司的外资持股比例上限放宽至51%，2020年内取消外资股比限制；取消境内保险公司合计持有保险资产管理公司的股份不得低于75%的规定，允许境外投资者持有股份超过25%；放宽外资保险公司准入条件，取消30年经营年限要求。

大幅扩大外资银行业务范围，不再对合资证券公司业务范围单独设限，允许外资机构获得银行间债券市场A类主承销牌照，实现内外资一视同仁，放开外资保险经纪公司经营范围，与中资机构一致；进一步便利境外机构投资者投资银行间债券市场。

不断放开征信、评级、支付等领域的准入限制。允许外资机构在中国开展企业征信业务和信用评级服务，可以对银行间债券市场和交易所债券市场的所有种类债券评级。明确银行卡清算机构和非银行支付机构的外资准入政策，给予外资国民待遇。

稳步推进资本市场双向开放。提高债券市场的开放程度，完善配套的会计、税收和交易制度，深化境内外股票市场互联互通，推出面向国际投资者以人民币计价的原油期货，在铁矿石、PTA（精对苯二甲酸）等商品期货中引入境外交易者。开放外资私募投资“港股通”标的限制，给予外资私募平等国民待遇。

金融业开放举措得到国际社会积极响应，外资机构市场准入和在华展业取得明显进展。美国运通发起设立银行卡清算机构“连通公司”的筹备申请获批，迈出中国银行卡市场开放的重要一步。美国标普公司在华设立的独资法人信用评级机构获准进入中国信用评级市场。德国安联保险集团筹建安联（中国）保险控股有限公司，成为首家外资控股保险公司。瑞银集团增持瑞银证券的股比至51%，成为首家外资控股证券公司。中国相关股票、债券被纳入主要国际指数。

三、将防范化解重大金融风险攻坚战向纵深推进

总体来看，经过一年多的集中整治，我国金融风险由前几年的快速积累逐渐转向高位缓释，已经暴露的金融风险正得到有序处置，金融风险总体收敛，金融市场平稳运行，人民币汇率在合理均衡水平上保持基本稳定，金融监管制度进一步完善，守住了不发生系统性金融风险的底线。

当前，我国经济金融面临的不确定因素仍然较多。国际上，世界经济增速“见顶回落”的可能性增加，全球范围内的单边主义和贸易保护主义情绪加剧，不确定性上升。在国内，经济运行周期性、结构性问题仍然存在，金融风险正在呈现一些新的特点和演进趋势。一是重点领域风险仍然较高。地方政府隐性债务存量规模大，公司信用类债券违约压力较大，房地产市场风险可能在某些区域显现，并可能传导至金融机构。二是重点机构和各类非法金融活动的增量风险得到有效控制，但存量风险仍然比较突出。个别金融控股集团、农村金融机构风险可能暴露，互联网金融特别是网络借贷风险仍需关注，非法集资形势仍然复杂。三是金融市场异常波动风险不容忽视。金融市场对外部冲击高度敏感，人民币汇率和外汇储备稳定承压，金融市场之间的风险交叉传染可能性加大。为此，要重点做好以下工作。

第一，坚持稳健的货币政策，保持流动性合理充裕。适时适度进行逆周期调节，既要充分考虑经济金融形势的新变化，做好预调微调，也要把握好度，

坚决不搞“大水漫灌”。有序推进结构性去杠杆，重点推动国有企业去杠杆，防止居民杠杆率过快上升，坚决遏制地方政府隐性债务增量，有序化解存量。继续推进市场化法治化债转股，引导商业银行及相关实施主体用好定向降准资金。

第二，更好地支持实体经济发展。有效疏通货币政策传导机制，打通金融资源配置到实体经济的“最后一公里”，推动形成经济金融良性循环。优化政策体系，进一步改进和深化民营企业、小微企业等实体经济金融服务，缓解融资难融资贵问题。

第三，有序化解影子银行风险。继续把握好防风险与促发展的关系，加强监管协调，合理把握执行力度和节奏，确保资管新规稳妥有序实施。继续加强预期引导，明确资管新规基本方向不动摇，引导金融机构稳妥有序确定整改计划，确保新旧业务平稳过渡。加快资管新规配套细则制定出台，推动减少监管差异，进一步补齐监管短板，引导资金流向实体经济。

第四，有效处置各类高风险金融机构风险，强化金融机构防范风险的主体责任。加大金融机构不良资产处置力度，继续有序处置重点金融控股集团风险，着力化解地方中小金融机构风险。严厉打击金融犯罪和金融腐败行为，健全金融机构公司治理，严格股东监管，防范大股东把金融机构变成“提款机”。加强内控合规，防止出现“内鬼”，同时明确金融从业人员尽职免责的具体要求。

第五，全面清理整顿金融秩序，持续打击非法金融机构和非法金融活动。做好各类风险处置预案，及时发现和果断处理各种可能爆发的突发风险。开展清理整顿地方交易场所攻坚战，健全交易场所的准入和监管规则，促进存续的交易场所合法合规经营。继续大力整治交易场所违规开展业务，推动交易场所有序整合撤并，坚决依法关闭撤销严重违规、整改不力的交易场所，切实化解交易场所存量风险。

第六，防范金融市场异常波动风险。密切监测国际经济金融形势变化，推动完善金融政策，维护金融市场平稳运行，保持人民币汇率在合理均衡水平上的基本稳定，切实防范跨境资本异常流动风险。加强对股市、债市、汇市的实时监测，阻断跨市场、跨区域、跨境风险传染，防范金融市场异常波动和共振。同时，主动做好预期管理。建立金融委办公室新闻发言人制度。加大正面宣传解读力度，及时、主动发布解读重大经济金融政策和重要经济金融数据，加强与市场沟通，快速回应舆论关切。做好金融市场舆情监测，健全重大舆情快速响应机制。

第七，进一步完善监管制度。尽快出台金融控股公司监督管理试行办法，制定出台《关于完善系统重要性金融机构监管的指导意见》实施细则。着力推动《中华人民共和国中国人民银行法》《中华人民共和国商业银行法》《处置非法集资条例》《私募投资基金管理暂行条例》《非存款类放贷组织条例》《信用评级业管理暂行办法》《非银行支付机构条例》等金融领域重点立法修法工作，完善金融基础设施监管制度。积极探索以存款保险为平台，建立市场化法治化的金融机构退出机制。

第八，务实推动改革开放。加大金融领域改革开放力度，确保已出台措施的具体落地。更加注重加强产权和知识产权保护，创造公平竞争的市场环境，激发各类市场主体特别是民营经济和企业家活力。提升金融领域激励机制的有效性，强化正向激励机制，营造鼓励担当、宽容失败、积极进取的氛围。

专题二　我国住户部门债务分析

2018年，我国住户部门债务水平上升趋势有所放缓，个人住房贷款的较快增长势头得到一定程度的抑制，短期消费贷款在经历2017年的异常增长后企稳回落，经营贷款增速小幅回升，互联网金融行业个人贷款增速有所减缓。与其他国家相比，我国住户部门债务风险并不突出，住房信贷政策也更为审慎，但债务分布不均衡，部分地区住户部门和一些低收入家庭杠杆率相对较高。下一步，应坚持从宏观审慎视角密切关注住户部门债务风险变化，防范住户部门债务水平的过快上涨。

一、住户部门债务水平及结构

2018年末，我国住户部门贷款余额47.9万亿元，同比增长18.2%，增速较上年回落3.2个百分点。住户部门贷款余额占存款类金融机构全部贷款余额的比例为35.1%，同比上升2.8个百分点。

2018年末，从贷款类型看，住户部门贷款中的消费贷款和经营贷款余额占比分别为78.9%和21.1%，同比增速分别为19.9%和12.3%。从贷款期限看，住户部门贷款中的短期贷款和中长期贷款余额占比分别为29%和71%，与上年比例基本持平（见表1–1、图1–14）。2018年住户部门债务变化呈现以下特点：

表1-1　　2018年住户部门贷款余额及增速

类型	2018年末余额（亿元）	同比增速（%）	较上年变动（个百分点）
消费贷款	378 012	19.9	–5.9
其中：短期消费贷款	88 080	29.3	–8.6
中长期消费贷款	289 931	17.3	–5.6
其中：个人住房贷款	258 000	17.8	–4.4
经营贷款	100 943	12.3	4.2
其中：短期经营贷款	50 006	9.1	9.9
中长期经营贷款	50 936	15.8	–3.3
总计	478 954	18.2	–3.2

数据来源：中国人民银行。

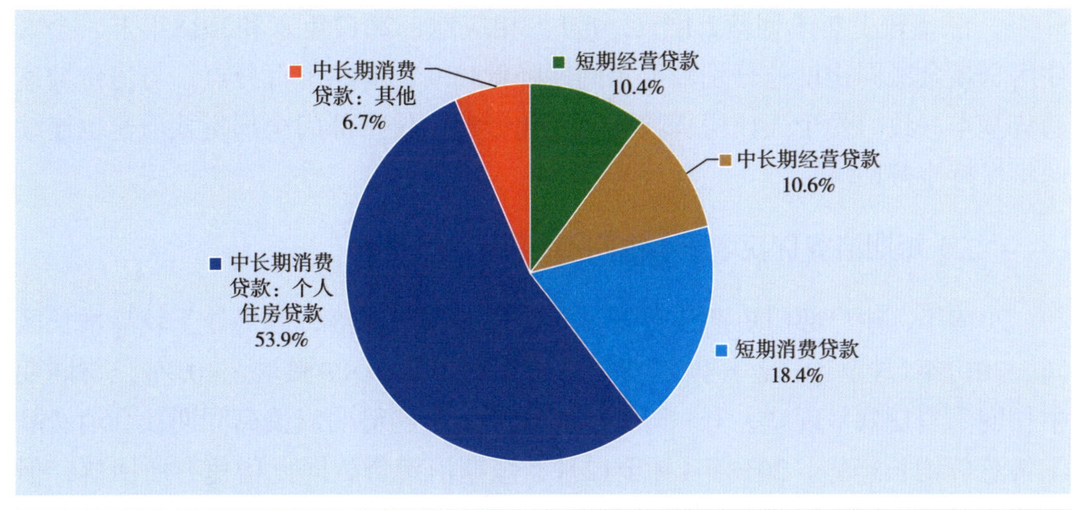

数据来源：中国人民银行。

图1-14 2018年末住户部门贷款分布

（一）个人住房贷款增速连续两年回落

2018年末，个人住房贷款余额为25.8万亿元，占住户部门债务余额的比例为53.9%，同比增长17.8%，增速连续两年回落，较同期住户部门全部贷款增速低0.4个百分点，自2014年以来首次低于住户部门全部贷款增速。

个人住房贷款近两年增速回落与我国房价增速放缓有关（见图1-15）。2018年，房地产市场在调控措施不断升级的背景下逐步回归理性。从全国平均水平看，2018年房价增速基本延续了2017年以来的放缓趋势，全年上涨

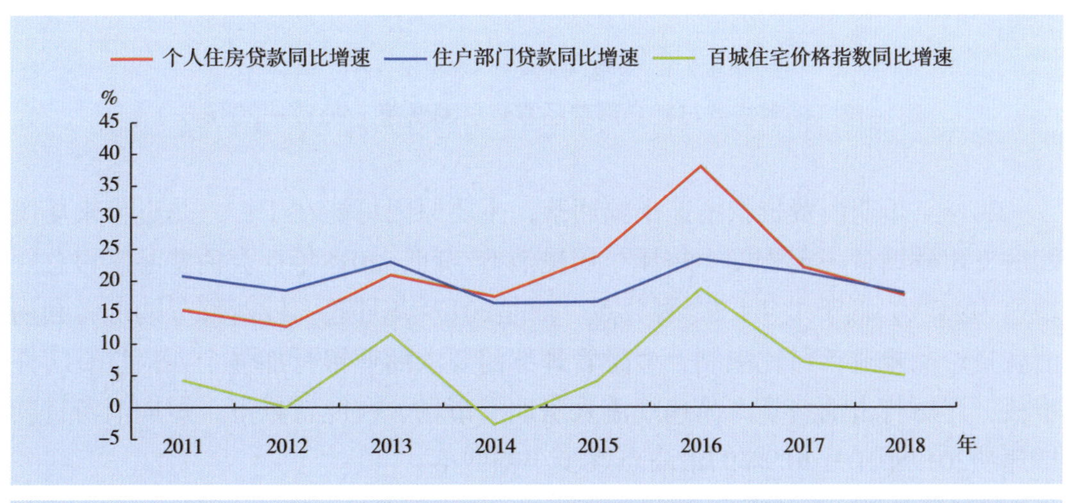

数据来源：中国人民银行、万得。

图1-15 个人住房贷款增速与房价增速对比（2011—2018年）

5.1%，涨幅较上年末回落2.1个百分点。相应地，2017年末和2018年末，个人住房贷款余额同比增速分别较上年同期降低15.9个和4.4个百分点，与房价增速趋势基本一致。受个人住房贷款增速变化影响，住户部门全部贷款增速也连续两年保持小幅回落。

（二）短期消费贷款增速小幅回落

2018年，住户部门短期消费贷款同比增速有所回落，但仍处于较高增长区间。2017年1月至10月，短期消费贷款同比增速从19.9%骤增至40.9%，与同期中长期消费贷款呈现“一升一降”，且增速上升趋势明显偏离同期社会消费品零售总额增长趋势。2018年1月至12月，短期消费贷款同比增速有所回落，但总体仍维持在28.1%~40.1%的较高区间，高出近五年平均增速1~13个百分点，也高出同期中长期消费贷款增速10~15个百分点（见图1–16）。

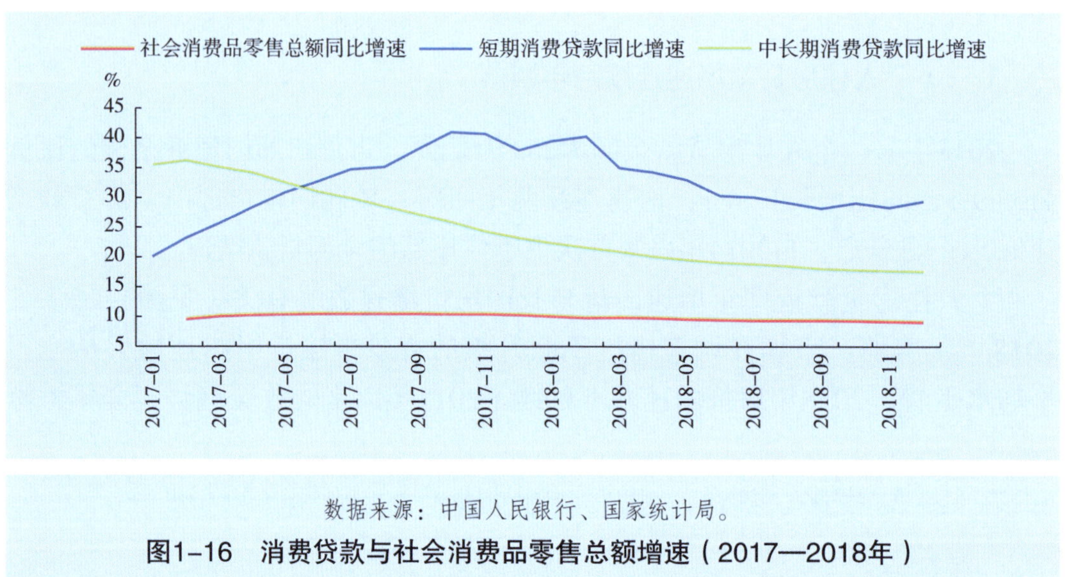

数据来源：中国人民银行、国家统计局。

图1–16 消费贷款与社会消费品零售总额增速（2017—2018年）

2018年短期消费贷款增速小幅回落，主要原因可能在于：一是近年来居民购房支出骤增，一定程度上挤压了居民消费空间，2018年社会消费品零售总额增速为9.0%，低于上年1.2个百分点。二是2017年8月起，针对部分购房者利用消费贷产品规避首付比限制，金融管理部门要求商业银行加强个人信贷真实性审核，严厉打击消费贷产品违规流入房地产市场。在此背景下，短期消费贷款增速从2017年10月40.9%的最高点逐步小幅回落。

（三）经营贷款增速连续两年回升

住户部门经营贷款是金融机构发放给城镇个体户、农户和个人用于经营和投资的贷款。2008—2018年，住户部门经营贷款变化大致经历了三个阶段（见图1-17、图1-18）。2008—2010年，经营贷款连续两年高速增长，增速从10.7%大幅增至41.7%。2011—2016年，经营贷款增速整体呈现下滑趋势。其中，2011—2013年增长虽有所放缓，但仍保持在平均20%的较高水平；到2016年末，经营贷款增速连续下滑至3.0%，其余额占住户部门全部贷款余额的比例也从2010年末的33.3%降至2016年末的24.9%。2017年以来，经营贷款增速开始回升。

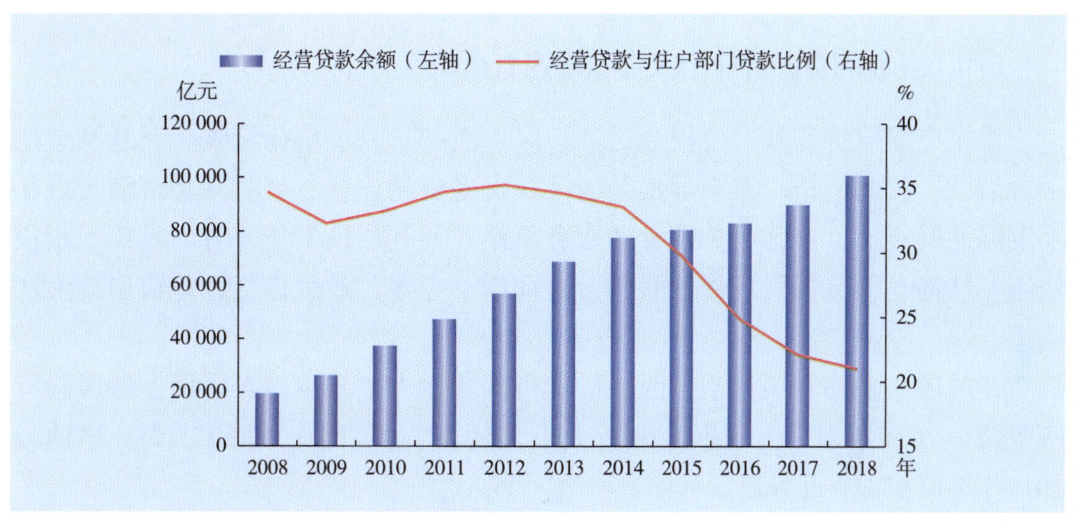

数据来源：中国人民银行。

图1-17　经营贷款变化趋势（2008—2018年）

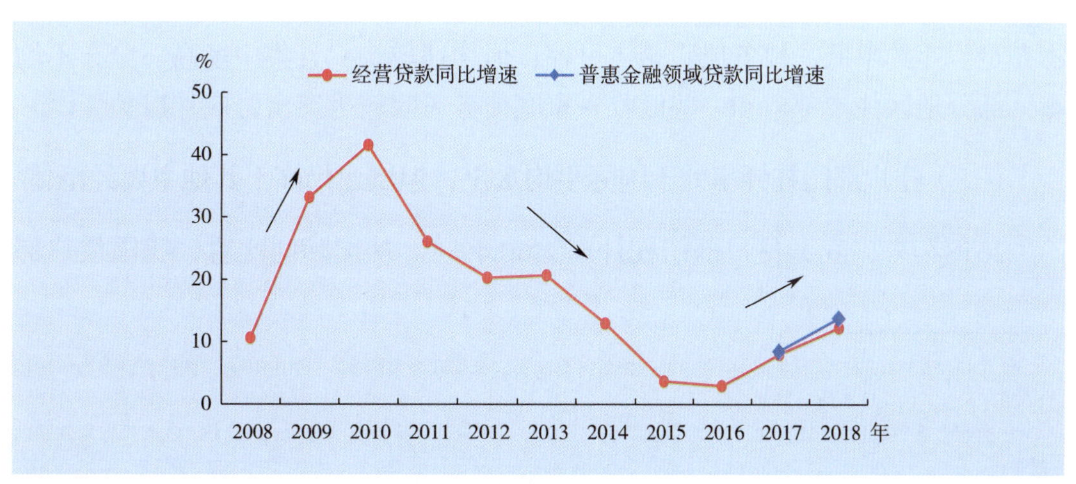

数据来源：中国人民银行。

图1-18　经营贷款增速（2008—2018年）

住户部门经营贷款增速的回升在一定程度上反映了普惠金融政策成效。自2016年国务院印发《推动普惠金融发展规划（2016—2020年）》以来，相关部门通过优化信贷结构、财税减免等多种途径促进金融资源向普惠金融领域倾斜。2017年9月，人民银行出台普惠金融定向降准政策，明确将个体工商户和小微企业主经营性贷款①、农户生产经营贷款，以及创业担保贷款等个人和家庭信贷薄弱领域纳入普惠金融政策标准。截至2018年末，金融机构普惠金融贷款②余额为13.39万亿元，同比增长13.8%。受此影响，住户部门经营贷款余额增速从2017年开始回升，2018年末同比增速达到12.3%。

（四）互联网金融行业个人贷款增速有所减缓

除住户部门贷款外，公积金贷款、保户质押贷款、信托贷款、互联网金融平台借款、民间借贷、典当等也是居民获得融资的途径。互联网金融借贷近年来发展尤其迅速，在弥补传统金融服务不足、便利居民借贷等方面发挥了积极作用。然而，部分居民利用互联网金融征信不完善，过度借贷，造成逾期无法偿还。

经过近年来的专项整治，网络借贷机构数量大幅减少，互联网金融风险有所收敛。2018年末，互联网金融行业个人贷款③余额同比下降22.7%，增速较2017年下降63.6个百分点。

二、住户部门债务风险分析

2018年，我国住户部门债务④负担与国际平均水平相当，且住房贷款抵押物充足、违约率低，债务风险总体可控，但增速较快，且集中度高、分布不均衡，部分地区住户部门和一些低收入家庭债务风险较为突出，应加以关注。

（一）住户部门杠杆率处于国际平均水平，但增速仍高于其他主要经济体

2018年末，我国住户部门杠杆率为60.4%⑤。从国际同比看，我国住户部

① 单户授信500万元以下的个体工商户经营贷款符合此次定向降准政策标准。自2019年起，该标准调整为单户授信1 000万元以下的个体工商户经营贷款。

② 普惠金融领域贷款包括普惠口径小微贷款、农户生产经营贷款、建档立卡贫困人口贷款、创业担保贷款和助学贷款。

③ 互联网金融行业个人贷款统计口径包括网络平台借贷、网络小贷、互联网消费金融和赊销。

④ 住户部门债务除存款类金融机构信贷收支表中的住户贷款外，还包括公积金贷款、保户质押贷款和信托贷款。

⑤ 人民银行工作人员测算。国际清算银行公布的2018年中国住户部门杠杆率为52.6%。

门杠杆率与国际平均水平一致，低于发达经济体平均水平，但在新兴市场经济体中处于较高水平（见图1-19）。

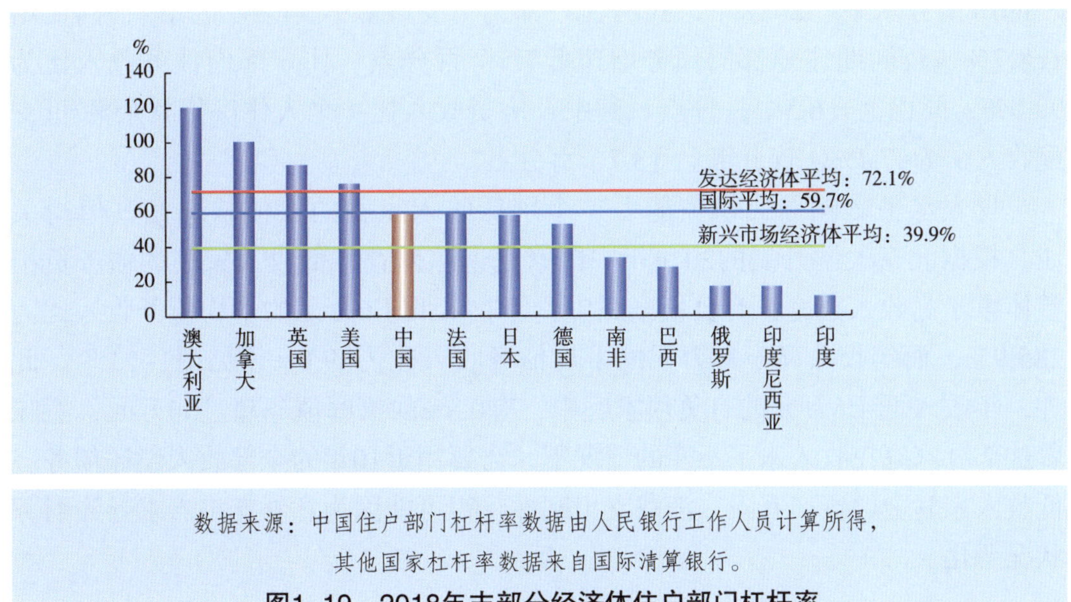

数据来源：中国住户部门杠杆率数据由人民银行工作人员计算所得，
其他国家杠杆率数据来自国际清算银行。

图1-19　2018年末部分经济体住户部门杠杆率

从变动情况看，我国住户部门杠杆率增幅仍处于较高区间。与上年相比，2018年我国住户部门杠杆率上升3.4个百分点，而同期美国和澳大利亚住户部门杠杆率分别下降1.5个和0.7个百分点，日本、英国等经济体住户部门杠杆率虽有不同程度上升，但增幅均小于中国（见图1-20）。

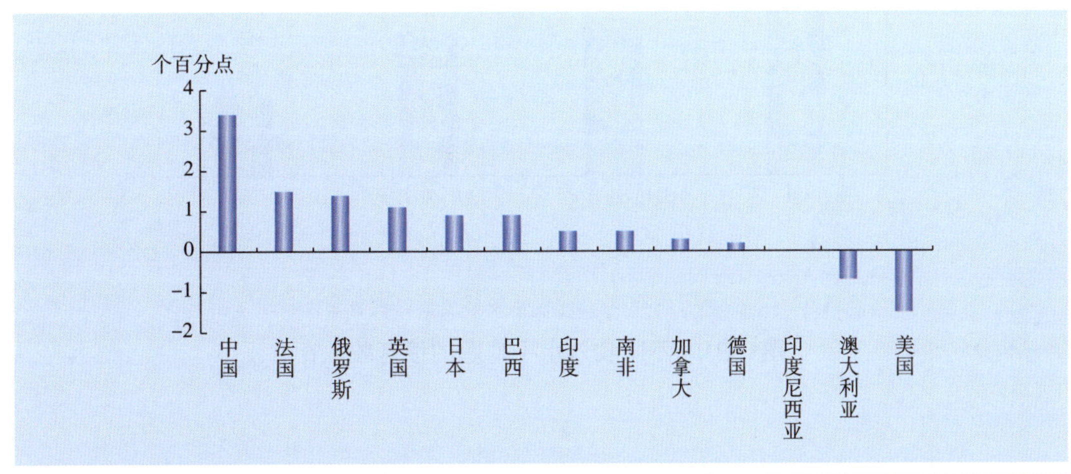

数据来源：中国住户部门杠杆率数据由人民银行工作人员计算所得，
其他国家杠杆率数据来自国际清算银行。

图1-20　2018年部分经济体住户部门杠杆率变化

（二）债务收入比保持高速增长，低收入家庭债务负担较重

债务收入比（住户部门债务余额/可支配收入）是以可支配收入衡量的住户部门债务水平。2018年，我国住户部门可支配收入54.4万亿元①，同比增长8.7%，较同期住户部门债务增速低7.5个百分点。住户部门债务收入比为99.9%，同比上升6.5个百分点。其中，房贷收入比（个人住房贷款余额/可支配收入）为47.4%，较上年上升3.7个百分点。

收入水平影响居民偿债能力，个别低收入家庭的偿债状况尤其值得关注。根据北京大学开展的2016年中国家庭追踪调查，低收入家庭的债务负担整体重于高收入家庭：有负债家庭中，年收入低于6万元的平均债务收入比为285.9%，而年收入高于36万元的平均债务收入比为89.0%（见图1–21）。此外，年收入低于6万元的有负债家庭中，有0.8%的家庭债务超过50万元，意味着这部分家庭在收入水平不变的情况下，需要用近10年的全部收入偿还债务。低收入家庭金融资产有限，消费支出刚性，很可能因为意外支出需求导致财务状况恶化。

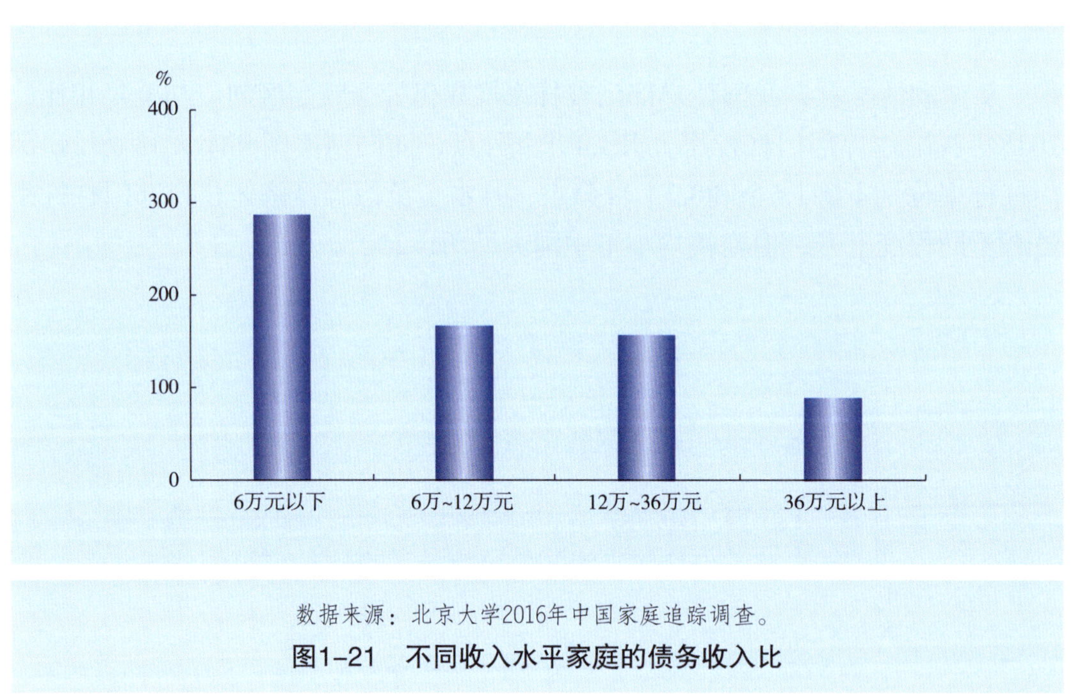

数据来源：北京大学2016年中国家庭追踪调查。

图1–21　不同收入水平家庭的债务收入比

① 此为估算值，以国家统计局公布的2016年我国住户部门可支配收入为基数，按人均可支配收入同比增速估算得到。

（三）东南沿海地区住户部门债务风险相对较高

从区域划分看，各省份住户部门债务分布不均衡。2018年，住户部门杠杆率超过全国水平的省份（直辖市）有：浙江（83.7%）、上海（83.3%）、北京（72.4%）、广东（70.6%）、甘肃（70.1%）、重庆（68.6%）、福建（65.8%）和江西（63.1%），其中，杠杆率水平最高的浙江和最低的山西之间相差50个百分点。上述地区中，浙江、上海、北京、广东、福建和重庆的债务收入比也超过全国水平，居民债务负担较重。

2015—2018年，除新疆外，全国各省份（自治区、直辖市）住户部门贷款与本地区生产总值的比例呈整体上升趋势。其中，海南、上海、天津、浙江和广东增速较快，四年分别上升26.4个、21.5个、21.4个、20.8个和18.4个百分点。综合住户部门贷款与生产总值比例的水平和增速如图1-22所示，浙江、上海和广东不仅住户部门贷款与生产总值的比例处于全国较高水平，而且贷款积累较快：3个省市加总的贷款余额和近四年贷款增幅占全国的比例均超过四分之一。

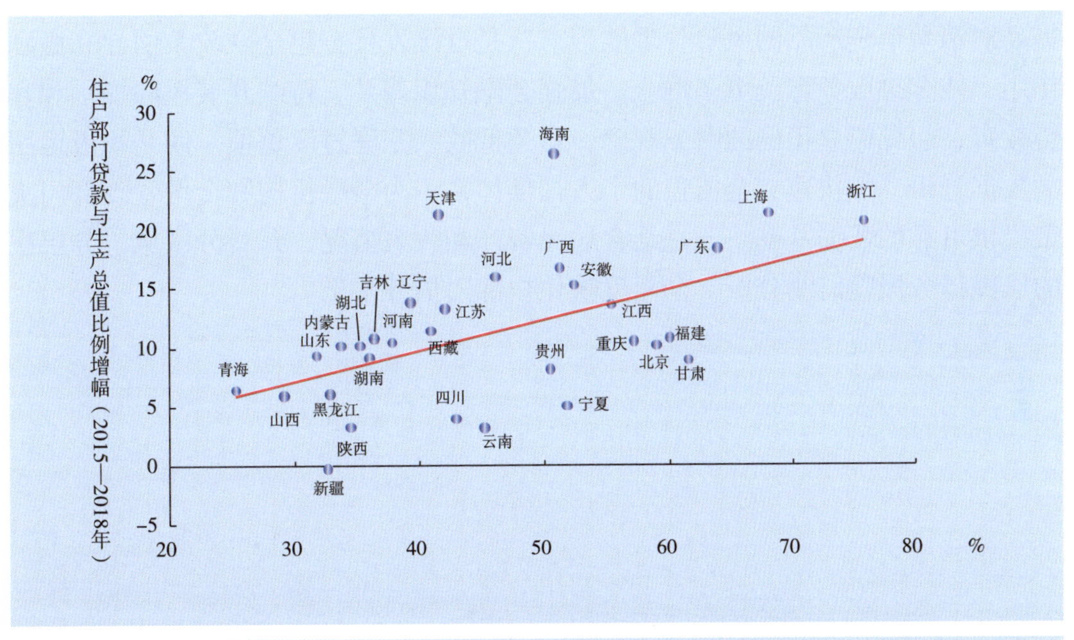

数据来源：中国人民银行金融稳定局工作人员测算。

图1-22 各省份住户部门贷款与生产总值比例变化（2015—2018年）

（四）住户部门贷款违约风险较低

2018年，我国继续实施审慎的房地产信贷政策，与其他高杠杆率国家相比，我国对住房抵押贷款的最低首付比要求更为严格，月偿债比率和最长还款期限与国际实践基本一致，住户部门风险抵御能力较强。

2018年，我国住户部门贷款的不良率，尤其是个人住房贷款不良率继续保持较低水平。截至2018年末，个人不良贷款余额7 103亿元，不良率为1.5%，低于银行贷款整体不良率0.5个百分点。其中，个人住房贷款、个人汽车贷款和个人信用卡贷款不良率分别为0.3%、0.7%和1.6%，与上年同期持平。

三、政策建议

下一步，应坚持从宏观审慎视角防范住户部门债务风险，多措并举应对部分地区住户部门债务增速过快和部分低收入家庭债务负担过重问题。一是继续严格遵循“房子是用来住的，不是用来炒的”政策定位，完善“因城施策”差别化住房信贷政策，抑制投机性购房。同时，加大对住房租赁市场的金融支持和规范，促进形成“租售并举”的住房制度。二是在鼓励金融机构创新消费金融业务模式和拓展服务领域的同时，督促机构坚持对消费行为真实性的审查、提高对消费信贷产品的风险管理能力。三是继续发挥普惠金融政策引导和激励作用，使金融服务惠及更多群众。加强金融知识普及，持续开展风险提示和宣传教育，引导树立正确的财务观念，避免低收入家庭过度负债。四是积极运用大数据分析，加快建立全覆盖的个人征信体系，为金融机构和金融管理部门决策提供可靠的数据基础。五是结合居民资产和收入情况，开展分区域、分层次的居民债务风险监测分析，全面反映住户部门债务水平。

专题三　市场化债转股的成效及下一步工作考虑

对暂时遇到困难但有发展前景的优质企业开展市场化债转股，是稳增长、促改革、调结构、防风险的重要结合点。本轮债转股严格遵循市场化、法治化原则，由相关主体市场化选择转股对象企业、市场化转让债权、市场化确定价格、市场化筹集资金、市场化股权退出，通过引入新股东，改善公司原有治理结构，实现金融机构与企业“双赢”。自2016年《关于积极稳妥降低企业杠杆率的意见》发布以来，相关部门积极稳妥推进市场化债转股工作，进展顺利。

一、定向降准后，市场化债转股呈现量增质升的良好势头

2018年7月5日，人民银行通过定向降准释放资金约5 000亿元，商业银行积极行动，加大市场化债转股推进力度，债转股成效显著，呈现增量、扩面、提质的局面。

债转股投资规模稳步扩大。截至2019年第二季度末，市场化债转股投资规模10 015亿元，其中定向降准后新增投资6 000亿元。定向降准覆盖的17家商业银行债转股投资规模5 042亿元，涉及企业249家。其中，定向降准后新增投资3 060亿元，是上年同期投资规模的3倍；新增转股企业165家，是上年同期企业数的3.35倍。

债转股企业投后管理发挥实效。定向降准后，实施机构参与债转股企业公司治理意识增强。17家商业银行的298个新增投资项目中，185个项目向企业派驻了董事、监事和高管参与企业公司治理，派驻率为62%，较定向降准前38%的派驻率大幅提高。从已落地的项目上看，债转股实施机构通过参与转股企业公司治理，在助推企业降杠杆、防风险、促转型上起到了明显效果。转股企业资产负债率平均下降15个百分点，其中44家企业资产负债率降幅超20个百分点，22家企业资产负债率降幅超30个百分点。

制造业、民营企业债转股力度加大。定向降准后，商业银行以市场化债转股为切入点，加大力度纾解优质制造业、民营企业中长期融资难问题。截至2019年第二季度末，17家商业银行对83家制造业企业开展了市场化债转股，其中定向降准后新增54家，占比65%；对31家民营企业开展了市场化债转股，其中定向降准后新增29家，占比94%。通过市场化债转股，企业融资结构得到优

化，市场竞争力和发展后劲进一步增强。

债转股覆盖范围有序增广。定向降准后，分地区看，西部地区债转股新增投资规模639亿元，是降准前投资规模的1.8倍；涉及企业45家，是降准前的2.8倍。分行业看，债转股覆盖行业从9个增加至11个，新增了科技服务业、信息技术服务业两类高新技术产业的债转股投资。分企业规模看，小型企业债转股投资规模新增60亿元，是降准前的7.5倍；涉及企业15家，是降准前的15倍。

二、市场化债转股工作仍面临一些困难

股权定价机制市场化不足。市场化债转股顺利推进需要合理的定价机制，关键是债权转让和转股价格要真正市场化，估值定价要尊重竞争性市场公允价值。当前，国有企业资产定价以评估结果为基础，虽然有关政策允许经产权市场挂牌后可以打折，但实践中企业往往担心打折可能被认定为国有资产流失，决策普遍比较慎重。转股企业股权和银行债权定价难以反映公允价值，导致债转股项目预期回报偏低，影响市场参与主体的积极性。

公司治理机制有待进一步完善。我国企业公司治理尚不健全，企业的资本金补充机制、资产负债自我约束和外部约束机制不完善，降杠杆内生动力不足。公司治理不健全不仅影响了企业自身健康性，难以给予投资者良好的发展预期，同时也难以保障转股股东参与公司治理的权利，很大程度上影响了社会资金参与市场化债转股的积极性。

动员资金有序转化为股权投资仍有较大难度。我国多数投资者习惯于债权投资，风险偏好较低，对资金安全性和收益稳定性要求较高，合格的股权投资者群体规模较小，长期股权资金供给不足，动员社会资金难度较大。我国私募股权基金的整体规模偏小，缺少大型机构投资者参与，资金来源不稳定，单只私募产品平均不足5亿元，难以满足债转股项目平均超过50亿元的资金需求，未能充分发挥改善企业治理的作用。

债转股政策体系仍需完善。市场化债转股相关政策配套与衔接仍不充分，“募、投、管、退”尚未形成畅通闭环，缺少转股股权集中交易市场，退出渠道有待进一步健全。债转股实施机构的管理、考核等方面与股权投资的特点不完全一致，制约了实施机构业务开展能力。市场化债转股在资金募集及投资落地、期间收益分配、支付管理费及超额收益分成、投资退出等环节都涉税，一些环节还存在重复征税问题，税收负担较重。

三、进一步推动市场化债转股工作取得实效

下一步，要继续推动市场化债转股增量、扩面、提质，充分发挥市场化债转股对稳增长、促改革、调结构、防风险的积极作用。

一是进一步推动优质企业和民营企业市场化债转股，促进稳增长、稳投资。继续鼓励对高杠杆优质企业、企业集团内优质子公司及业务板块实施市场化债转股。落实尽职免责制度，继续引导实施机构按照市场化原则选择符合条件的民营企业开展市场化债转股。

二是提高市场化债转股资产交易和定价效率。允许具备条件的交易场所依法合规开展转股资产集中交易，提高转股股权流动性，畅通退出渠道。建立债转股合理定价机制，严格落实国有资产交易分级审批制度，落实企业自主决策权。

三是改善企业公司治理，推动建立现代企业制度。推动将市场化债转股与建立现代企业制度、国有企业混合所有制改革等工作有机结合。引导实施机构依法向转股企业派驻董事、监事和高级管理层，实质性参与企业公司治理，积极推动企业转型升级，促进产业整合。

四是积极吸引社会资金参与市场化债转股。优化企业股权结构，依法平等保护社会资本权益。充分发挥私募股权投资基金和私募资管产品在开展市场化债转股中的作用。支持金融资产投资公司发起设立资管产品并允许保险资金等投资。

五是加强债转股实施机构力量。推动已设立实施机构的商业银行进一步调动全行资源支持市场化债转股，并建立符合股权投资特点的绩效评价和管理体系。支持符合条件的股份制商业银行单独或联合设立金融资产投资公司。

六是优化完善非公开发行相关制度。允许资产质量较优、财务负担较重的公司非公开发行资金全额用于补流或偿债，同时适当放开非公开发行需以发行期首日为定价基准日等要求，在制度上减少限制，鼓励上市公司通过合理方式实施债转股。

第二部分

金融业稳健性评估

2018年，面对错综复杂的国内外经济金融环境，我国金融行业总体保持稳健运行，各类金融机构资产负债规模继续增长，盈利能力基本稳定，风险抵补能力继续加强，金融市场运行总体平稳。与此同时，银行业资产质量持续承压、保险公司资金运用收益下滑、股票质押风险等方面问题值得关注。

一、银行业稳健性评估

资产负债规模平稳增长。截至2018年末，银行业金融机构资产总额268.24万亿元，同比增长6.27%，增速比上年下降2.4个百分点；负债总额246.58万亿元，同比增长5.89%，增速比上年下降2.5个百分点。2017年以来，随着经济下行压力加大，以及金融监管的加强，银行业金融机构资产负债规模扩张趋缓（见图2-1）。

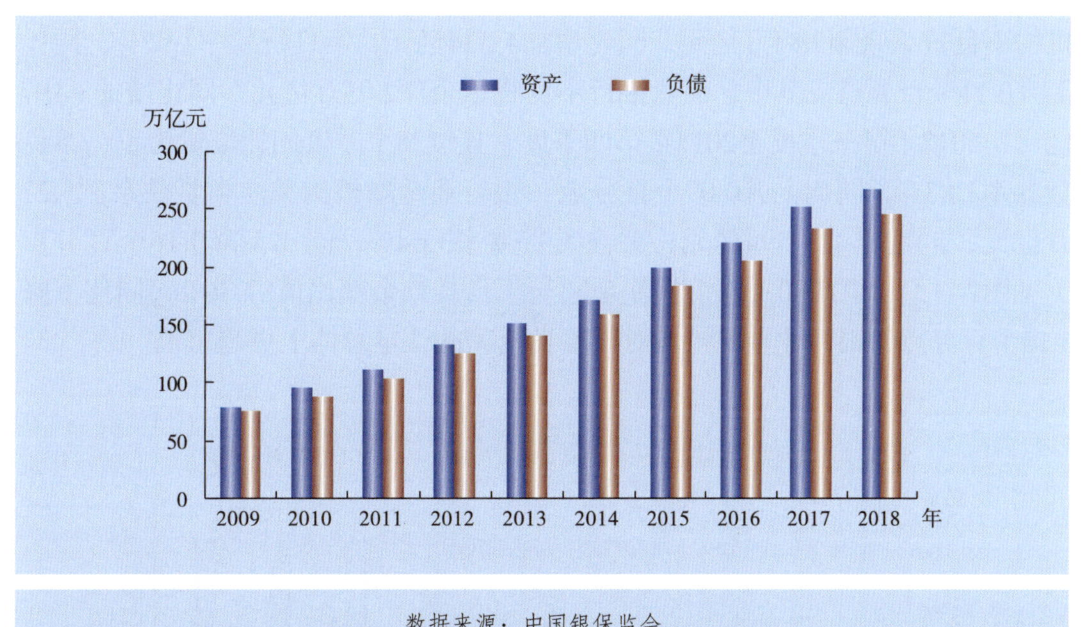

数据来源：中国银保监会。

图2-1　银行业金融机构资产负债情况

存贷款增速平稳。截至2018年末，金融机构本外币各项存款余额182.52万亿元，同比增长7.82%，增速比上年下降0.98个百分点；金融机构本外币贷款余额141.75万亿元，同比增长12.85%，增速比上年上升0.75个百分点（见图2-2）。

数据来源：中国人民银行、国家统计局。

图2-2　银行业金融机构人民币信贷变化情况

不良贷款有所增长，贷款风险分类更加审慎。截至2018年末，银行业金融机构不良贷款余额2.84万亿元，同比增加4 534亿元，不良贷款率1.97%，同比上升0.11个百分点。其中，商业银行不良贷款余额2.03万亿元，同比增加3 197亿元，2012年第三季度至2018年第四季度，连续28个季度同比增量为正；不良贷款率1.83%，同比上升0.09个百分点。银行业金融机构关注类贷款余额5.27万亿元，同比增加3 594亿元；关注类贷款率3.64%，同比下降0.16个百分点（见图2-3）。逾期90天以上贷款余额与不良贷款余额比值87.36%，同比下降5.13个百分点，银行业金融机构对于不良贷款的认定总体上更趋审慎。

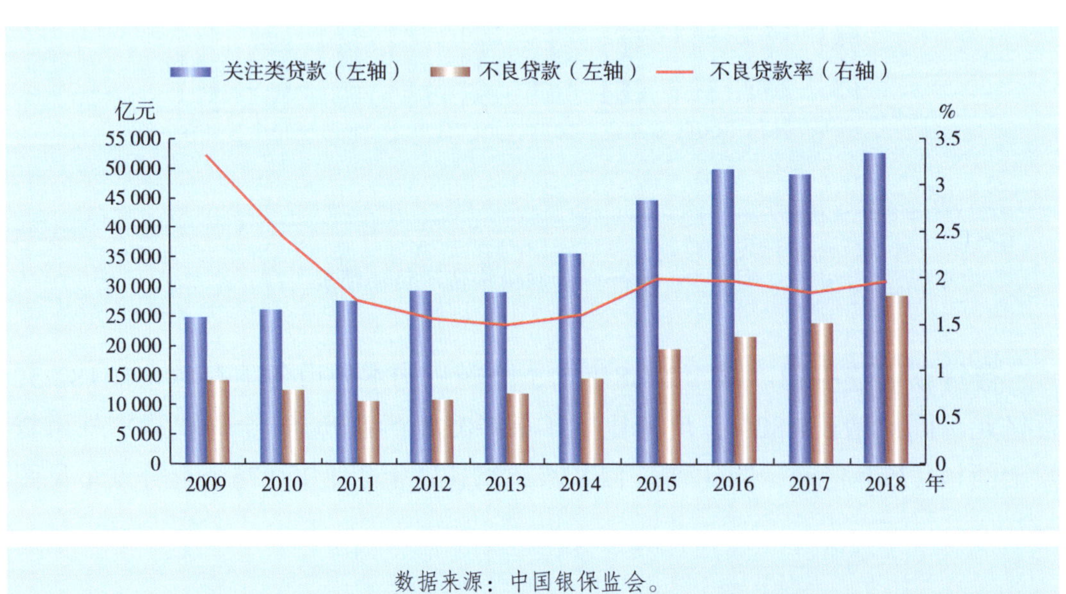

数据来源：中国银保监会。

图2-3　银行业金融机构关注类贷款及不良贷款变化情况

商业银行风险抵补能力较强。截至2018年末，商业银行贷款损失准备余额3.77万亿元，同比增加6 789亿元；拨备覆盖率186.31%，同比上升4.89个百分点；贷款拨备率3.41%，同比上升0.25个百分点。

资本充足水平稳中有升。截至2018年末，商业银行核心一级资本充足率为11.03%，同比上升0.28个百分点；一级资本充足率为11.58%，同比上升0.24个百分点；资本充足率为14.20%，同比上升0.55个百分点，资本较为充足。核心一级资本净额占资本净额的比重为77.73%，资本质量处于较高水平（见图2–4）。

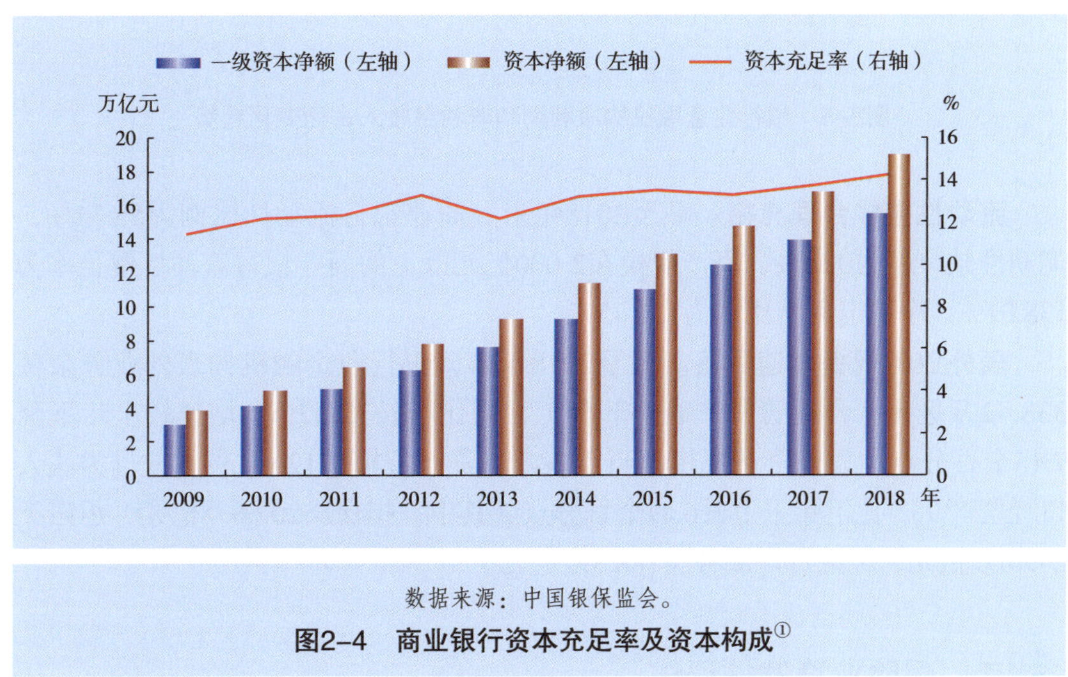

数据来源：中国银保监会。

图2–4 商业银行资本充足率及资本构成[①]

利润增长速度有所放缓，非利息收入占比上升。2018年，银行业金融机构实现净利润2.28万亿元，同比增长3.82%，增速下降2.3个百分点。截至2018年末，银行业金融机构资产利润率0.88%，同比下降0.03个百分点，资本利润率11.09%，同比下降0.81个百分点，银行业金融机构盈利能力整体较上年有所下降。截至2018年末，银行业金融机构净息差2.07%，同比上升0.07个百分点；非利息收入占比24.89%，同比上升0.65个百分点（见图2–5）。

① 2013年开始，资本充足率按照《巴塞尔协议Ⅲ》规则计算。

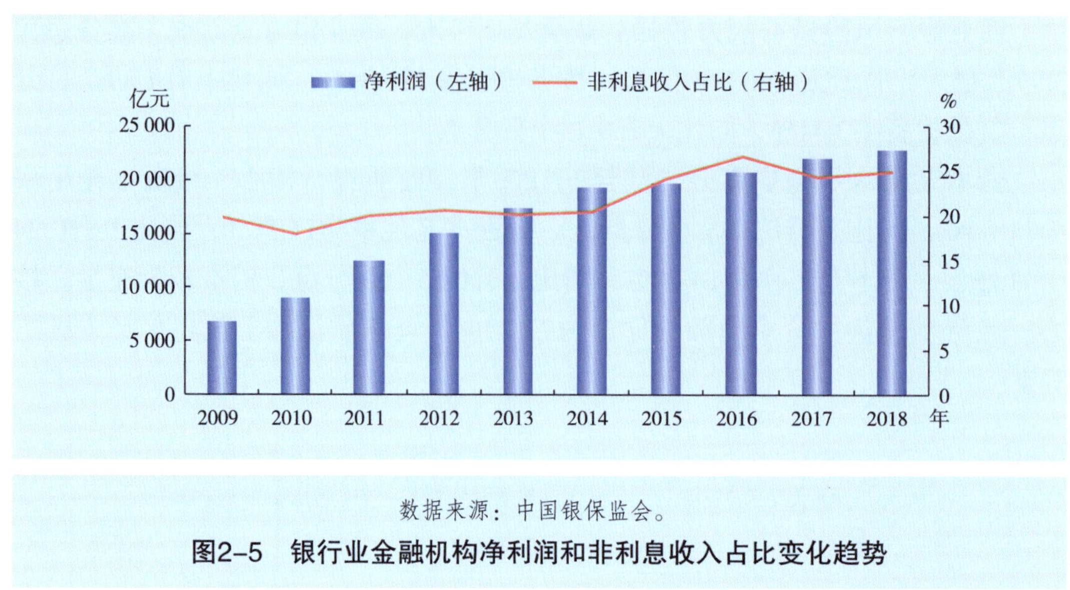

数据来源：中国银保监会。

图2-5　银行业金融机构净利润和非利息收入占比变化趋势

流动性整体合理充裕。截至2018年末，商业银行流动性比例为55.31%，流动性缺口率为0.61%，资产规模在2 000亿元以上的商业银行流动性覆盖率为138.01%，净稳定资金比例为121.45%。

表外业务规模增速回落。截至2018年末，银行业金融机构表外业务余额338.42万亿元（含托管资产表外部分），同比增长12.02%，增速较上年下降7.15个百分点。表外资产规模相当于表内总资产规模的126.16%（分母为法人口径资产），比上年末上升6.47个百分点。其中，担保类20.66万亿元，承诺类24.46万亿元，金融资产服务类188.8万亿元。

二、保险业稳健性评估

资产增速放缓，保险密度和保险深度落后于国际水平。截至2018年末，保险业总资产达18.33万亿元，同比增长9.45%，增速较2017年末下降1.35个百分点。其中，财产险公司总资产2.35万亿元，同比下降5.92%；人身险公司总资产14.61万亿元，同比增长10.55%；再保险公司总资产3 649.79亿元，同比增长15.87%；资产管理公司总资产557.34亿元，同比增长13.41%。保险密度和保险深度分别为2 724元和4.22%，较上年分别增加93元和减少0.2个百分点，与同期682美元和6.09%的世界平均水平相比，仍存在较大差距（见图2-6）。

资金配置更趋稳健，投资收益有所下滑。截至2018年末，保险业资金运用余额为16.41万亿元，较年初增长9.97%。其中，债券、股票和证券投资基金、其他投资（主要是另类投资）占比下降，银行存款投资占比有所上升（见表

2-1）。主要受2018年股票市场下跌等因素影响，保险投资收益降至6 859亿元，同比下降17.88%；平均投资收益率4.33%，同比下降1.44个百分点（见图2-7）。随着债券投资的预期收益率下行，保险资金面临再投资风险和新增资金配置难问题。

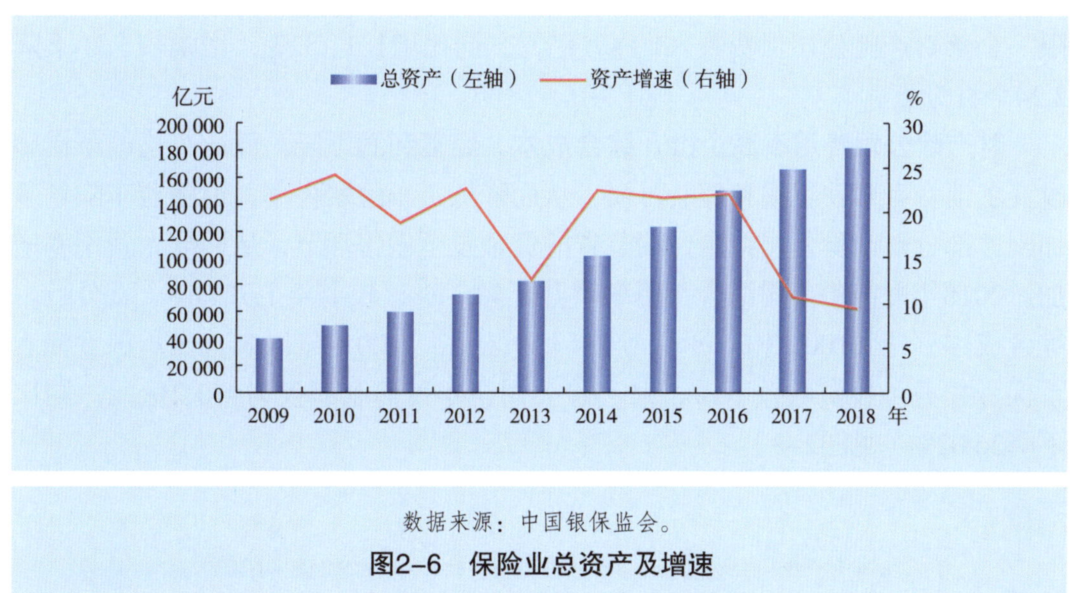

数据来源：中国银保监会。

图2-6 保险业总资产及增速

表2-1 保险资金运用情况（截至2018年末）

投资结构	银行存款	债券	股票和证券投资基金	其他投资
规模（亿元）	24 363.5	56 382.97	19 219.87	64 122.04
占比（%）	14.85	34.36	11.71	39.08
同比变动（个百分点）	1.93	−0.23	−0.59	−1.11

数据来源：中国银保监会。

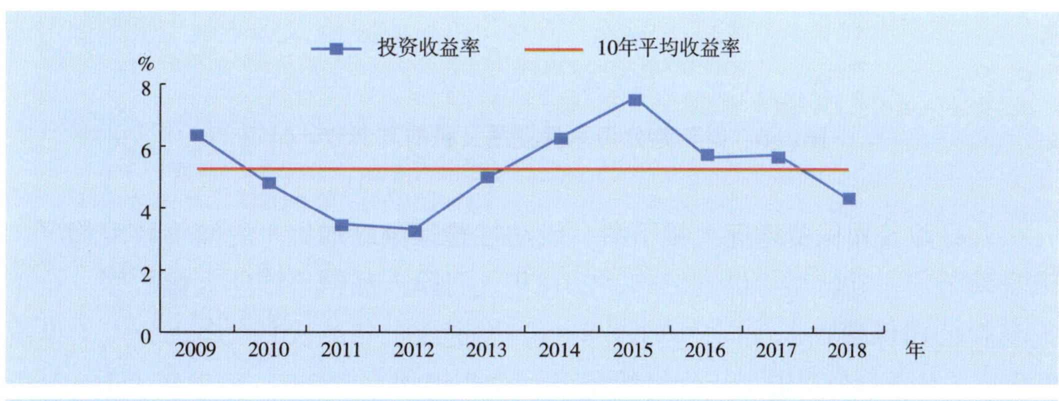

数据来源：中国银保监会。

图2-7 保险资金运用平均收益率

财产险公司保费增速放缓，非车险增长较快。2018年，在新车销量增速下降和商业车险改革导致单均保费下降的背景下，车险业务增速下滑，保费仅增长4.16%，占财产险总保费的比重降至66.64%，较2017年末下降4.71个百分点。非车险业务增长较快，增速达29.84%，其中保证保险和健康险增速最快，同比分别增长70.09%和44.39%，但因其占比较低，对整体增速拉动有限。全年财产险公司保费收入1.18万亿元，同比增长11.52%，增幅较上年下降2.24个百分点。

财产险公司费用率高企推升综合成本，经营利润下降。商业车险改革措施改变了消费者驾驶习惯和理赔习惯，从而降低了车险赔付率，但随着车险竞争加剧，部分财产险公司将赔付端节省的资金投至销售环节，从而导致费用率增加。2018年财产险公司综合费用率攀升至40.74%，较上年上升1.18个百分点，综合成本率达到100.13%，承保亏损13.59亿元，为2011年以来首次承保亏损。承保亏损叠加投资收益下滑，财产险公司全年税前利润仅为473.2亿元，同比下降26.02%（见图2–8）。

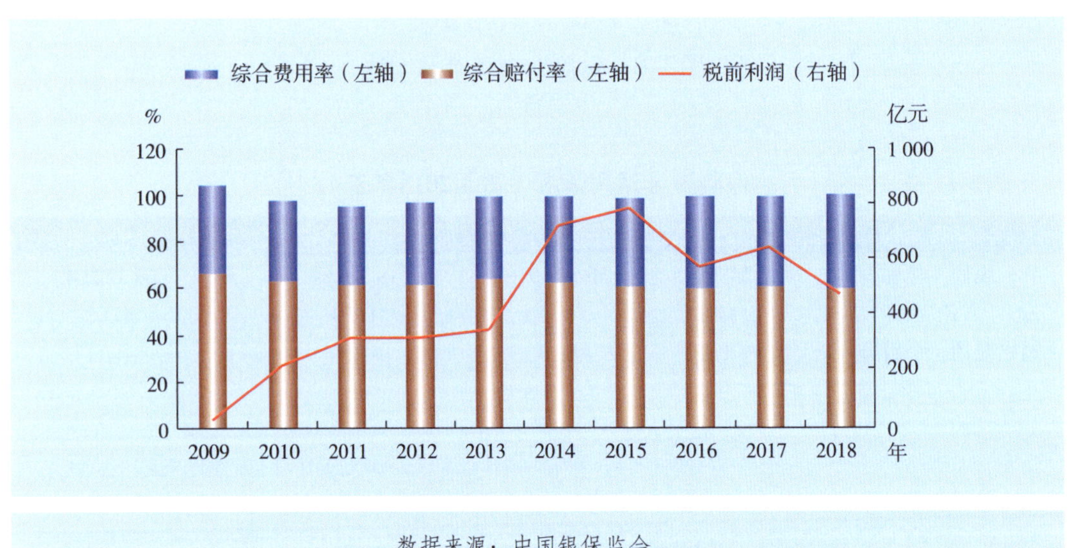

数据来源：中国银保监会。

图2–8　财产险公司承保业绩及税前利润变化情况

人身险公司保费增速大幅下滑，流动性管理难度加大。受监管政策趋严、人身险公司主动转型等因素影响，2018年人身险产品销售增速大幅放缓，全年人身险公司保费收入仅同比增长0.85%，增速比上年减少19.2个百分点（见图2–9）。人身险公司退保压力继续攀升，全年退保率6.83%，较上年上升0.31个百分点。保费增长缓慢，退保率上升，流动性管理难度加大。

人身险公司准备金减提，盈利实现增长。2018年，由于国债750天移动平均收益率逐步上升，人身险公司据此更新折现率假设，因而计提的准备金规模减少，释放利润。在投资收益同比下降17.05%的情况下，人身险公司全年仍实现税前利润1 697.68亿元，同比增长22.07%（见图2-9）。净资产收益率达11.43%，比上年增加1.84个百分点。

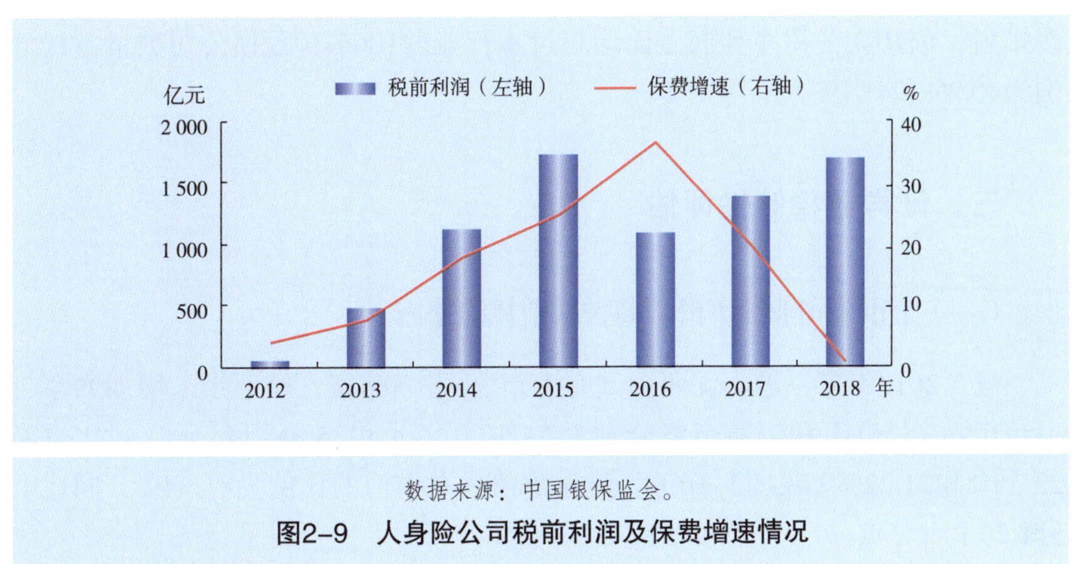

数据来源：中国银保监会。

图2-9　人身险公司税前利润及保费增速情况

行业偿付能力总体充足，公司治理水平需进一步提升。截至2018年末，保险公司综合偿付能力充足率和核心偿付能力充足率分别为242%、231%。从风险综合评级看，低风险的A类公司和B类公司分别为104家和69家，偿付能力充足率不达标，或者偿付能力充足率虽然达标但风险较高的C类公司和D类公司均为2家。银保监会保险法人机构公司治理现场评估结果显示，2018年优质类公司占全部50家抽样公司的比例为8%，较上年下降17.67个百分点，重点关注类公司占比有所上升，较上年增加2个百分点。部分保险公司存在股东股权关系不透明不规范、股东行为不合规不审慎、董事会履职有效性不足等问题。少数保险公司关联交易制度“有名无实”，管理粗放，存在利益输送问题。还有的公司盲目扩张，内部管理难以和发展速度匹配。

市场集中度上升，中小保险公司盈利能力较弱。2018年，前5大财产险公司保费市场份额和财产险赫芬达尔指数①分别为73.53%和0.172，较上年微升0.08个百分点和0.001。在人身险市场，按保险保费计算，前5大人身险公司保费市场份额和人身险赫芬达尔指数分别为55.84%和0.092，比上年上升3.61个

① 赫芬达尔指数（HHI）是行业内所有机构市场份额的平方和。HHI的值越高，说明市场集中度越高。

百分点和0.011；按规模保费[①]计算，前5大人身险公司规模保费市场份额和人身险赫芬达尔指数分别为53.0%和0.079，比上年上升1.99个百分点和0.003。保险公司盈利能力分化加剧，大公司盈利水平较高，中小保险公司因治理不完善、基础投入不足、创新力较弱、缺乏自主渠道、产品同质化程度较高等问题，增长乏力，获利空间不断受到挤压。在财产险公司和人身险公司中，按保费排名，前10大公司净利润占比均超过本行业的100%，亏损公司数量占比分别为40.9%和41.1%。

三、证券业稳健性评估

（一）上市公司业绩下滑，商誉减值风险暴露

截至2018年末，沪、深两市共有上市公司3 584家，较上年末增加99家，退市6家。总市值和流通市值分别为43.50万亿元和35.38万亿元，同比下降23.35%和21.22%（见图2-10）。流通市值占总市值的比例为81.34%，同比上升2.20个百分点。

数据来源：中国证监会。

图2-10　2009—2018年上市公司数量和市值

2018年上市公司业绩下滑。截至2019年4月30日，共有3 576家上市公司披露2018年年报，其中盈利3 120家（占比87.25%），亏损456家（占比

① 规模保费指所有保险产品的实际销售收入，等于原保费（即保费）、保户投资款新增交费、投连险独立账户新增交费三项之和。

12.75%），首次亏损387家，连续亏损69家；2018年全部上市公司实现营业总收入45.27万亿元，同比上升12.28%；实现净利润3.36万亿元，同比下降1.64%。

部分上市公司商誉大幅减值。过去几年，上市公司并购重组较为活跃，高溢价收购所形成的商誉规模逐年大幅攀升（见图2-11）。一旦被收购方无法完成业绩对赌目标，上市公司商誉就面临减值风险。截至2019年4月30日，已披露2018年报的上市公司中，884家出现商誉减值，减值损失合计约1 666亿元，同比增长358%；其中166家商誉减值损失增速超过100%，82家商誉减值损失超过上年的10倍以上。

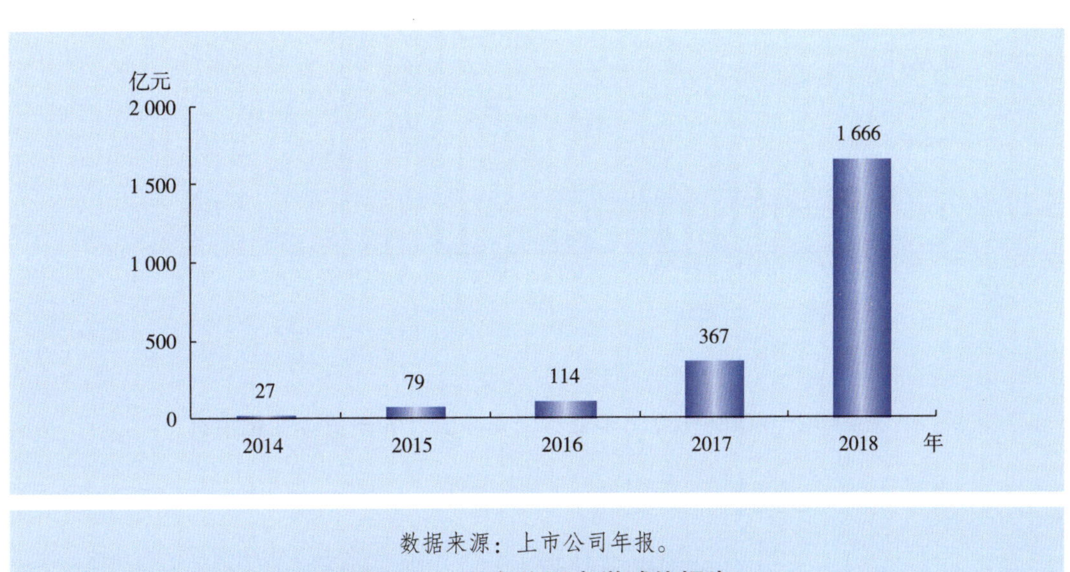

数据来源：上市公司年报。

图2-11　上市公司商誉减值损失

（二）证券公司盈利同比下降，股票质押融资风险持续上升

截至2018年末，全国共有证券公司131家，和上年末持平，其中上市证券公司32家，较上年增加3家。证券公司资产总额6.26万亿元，同比增长1.95%。净资产总额1.89万亿元，同比增长2.16%，净资本总额1.57万亿元，同比下降0.63%，增速由正转负（见图2-12）。

证券公司盈利状况恶化。2018年全行业实现营业收入2 662.87亿元，同比下降14.47%，各项业务收入全面下滑。其中，代理买卖证券业务净收入（含席位租赁）623.42亿元，同比减少24.06%；证券承销与保荐业务净收入258.46亿元，同比减少32.73%；财务顾问业务净收入111.50亿元，同比减少11.06%；投资咨询业务净收入31.52亿元，同比减少7.18%；资产管理业务净收入275亿元，同比减少11.35%；证券投资收益（含公允价值变动）800.27亿元，同比减少7.05%；利息净收入214.85亿元，同比减少38.28%。全行业实现净利润666.20亿元，同比下降41.04%（见图2-13）。

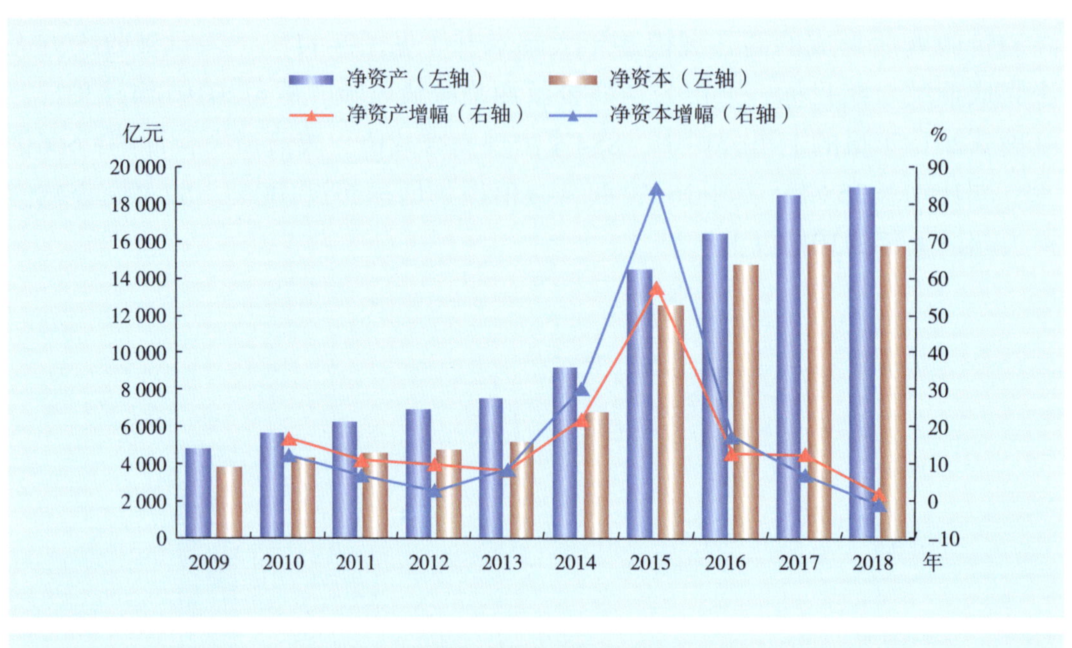

数据来源：中国证监会。

图2-12　2009—2018年证券公司净资产和净资本变化情况

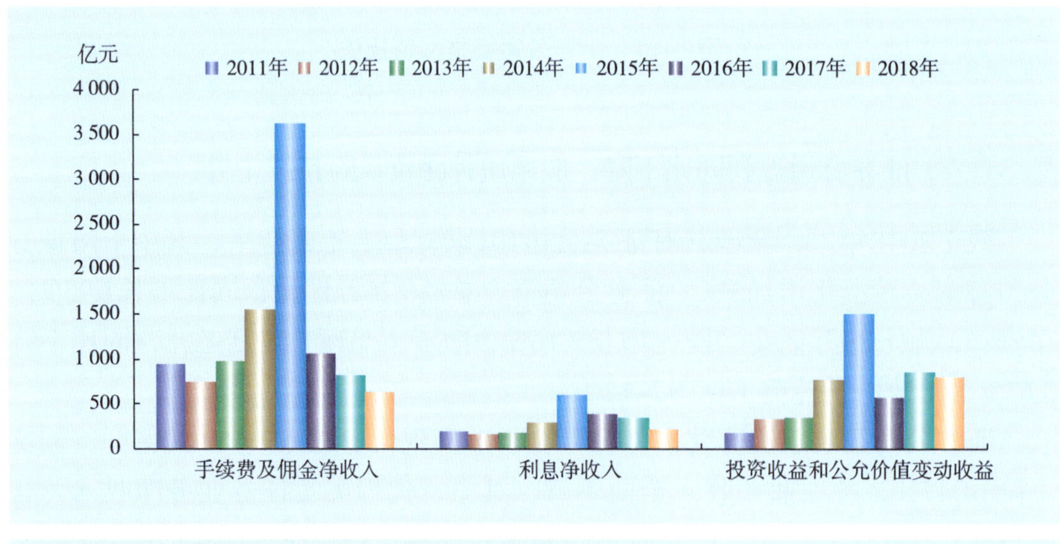

数据来源：中国证监会。

图2-13　2011—2018年证券公司各项业务收入变化情况

股票质押融资风险持续上升。近年上市公司股东股票质押融资规模快速攀升，风险不断积聚。截至2018年末，A股上市公司股票质押规模达6 354亿股，约为2014年末存量的3倍（见图2–14）。2018年A股市场大幅下行，股票质押融资爆仓风险上升，影响投资者信心，一度成为影响股票市场平稳运行的重要因素之一。

数据来源：中国证券登记结算有限公司。

图2–14　上市公司股东股票质押规模和同比增速

总体来看，证券公司在股票质押回购等融资类和境外业务方面存在资本约束弱、合规风控不足等问题，加剧风险积累和风险暴露。部分证券公司在开展融资类业务过程中风险管控不足，对融资人资信状况、还款来源评估不够充分，甚至将质押股票作为唯一还款来源，忽视A股市场股价波动大、部分上市公司控股股东利用股票质押套现等客观事实，股票质押率偏高，风险敞口较大。个别证券公司境外并购和衍生品投资业务暴露重大风险，导致巨额亏损，大幅拖累公司业绩，反映出证券公司境外业务风控合规存在短板。

（三）基金公司管理的资产净值持续增长，货币市场基金风险整体可控

截至2018年末，全国共有基金管理公司120家，较上年末新增7家。基金管理公司和15家取得公募资格的其他资产管理机构共管理公募基金13.03万亿元，同比增长12.37%。其中股票型基金占比6.33%，同比下降0.23个百分点；混合型基金占比10.44%，同比下降6.27个百分点；债券型基金占比17.36%，同比上升4.73个百分点；货币市场基金占比58.44%，同比上升0.37个百分点。

2018年已登记私募基金管理人24 448家，管理私募基金74 642只；基金实缴规模12.78万亿元，同比增长15.12%。

货币市场基金风险整体可控。受无风险利率下降等因素影响，货币市场基金规模占公募基金总规模比例得到控制，部分具备系统性影响的货币市场基金规模出现下降（见图2–15）。

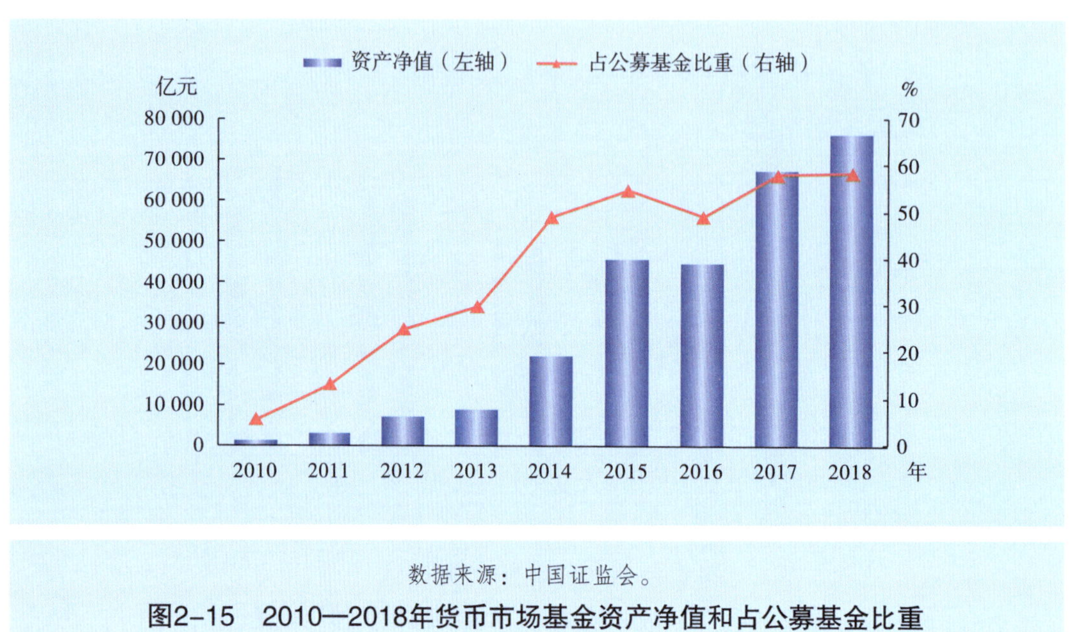

数据来源：中国证监会。

图2–15　2010—2018年货币市场基金资产净值和占公募基金比重

（四）期货公司发展平稳，对外开放步伐加快

截至2018年末，我国共有149家期货公司，下设79家风险管理子公司、10家资产管理子公司，行业总资产约5 400亿元。上市期货、期权品种61个，其中商品期货51个、金融期货6个、商品期权3个、金融期权1个；2018年原油期货、2年期国债期货、铜期货期权、纸浆期货、乙二醇期货等新产品陆续上市。中国期货行业对外开放步伐加快，5月和11月，铁矿石期货、PTA期货分别引入境外交易者。

四、金融市场稳健性评估

中国金融市场总体运行平稳。2018年，股票市场压力水平较上年有所上升，债券市场压力水平有所下降，货币市场、外汇市场压力水平保持平稳。金融市场综合压力指数整体处于较温和水平（见图2–16）。

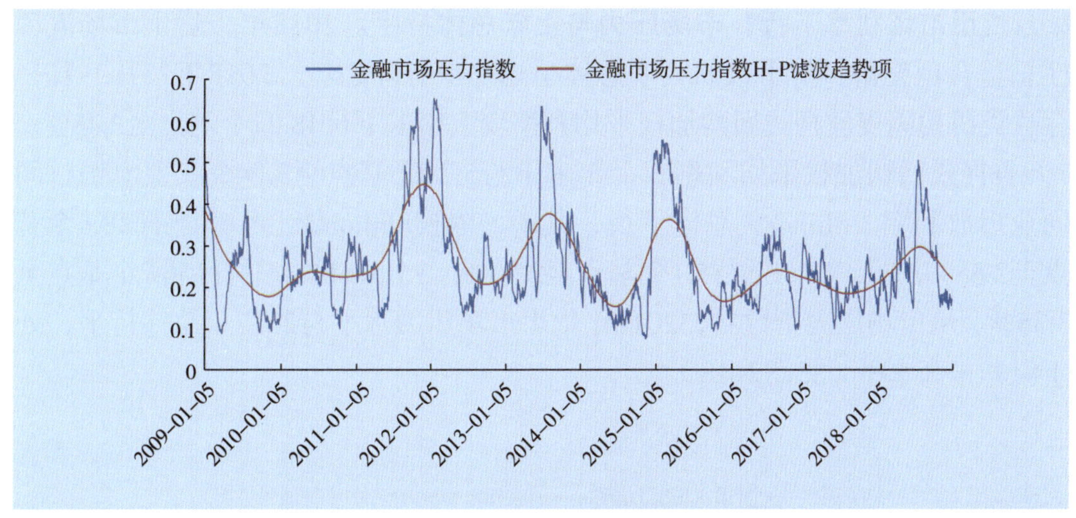

数据来源：中国人民银行。

图2-16 2009—2018年金融市场压力指数

股票市场下跌，市场压力有所上升。自2018年2月起，受内外部因素影响，股票市场一反开年上涨态势，大幅下行。2018年全年，上证综指跌24.59%，深证成指跌34.42%。从股票市场压力指数看，2018年A股市场波动风险上升，处于较高水平；估值风险全年大幅回落，截至2018年末，全部AB股、中小板和创业板滚动市盈率分别为13.14倍、23.27倍和41.5倍，市净率分别为1.35倍、2.07倍和2.8倍。总体来看，2018年全年A股市场压力指数处于较高水平（见图2-17）。

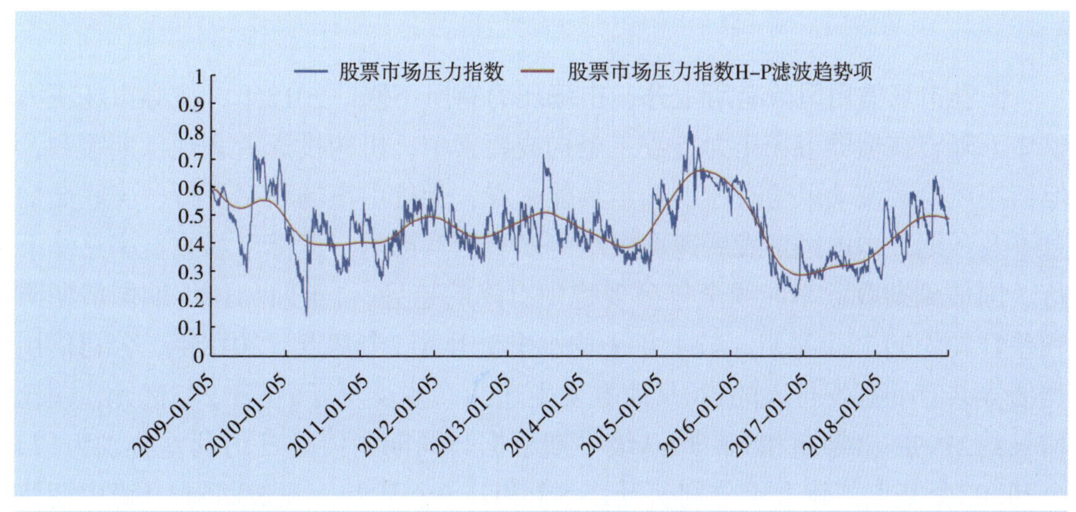

数据来源：中国人民银行。

图2-17 2009—2018年股票市场压力指数

货币市场利率下行，市场压力与上年总体持平。2018年，货币市场流动性总量合理充裕，货币市场利率总体呈现稳中有降趋势。2018年12月29日，存款类机构隔夜质押式回购加权平均利率较上年末下行48.22个基点至2.48%；7天质押式回购加权平均利率较上年末下行5.21个基点至3.04%。上海银行间同业拆放利率（Shibor）总体下行，其中，隔夜Shibor较上年末下行28.6个基点至2.55%，7天Shibor下行5.1个基点至2.90%，3个月Shibor下行156.7个基点至3.35%。从市场压力指数看，2018年货币市场压力水平与2017年总体持平，处于温和偏高水平（见图2–18）。

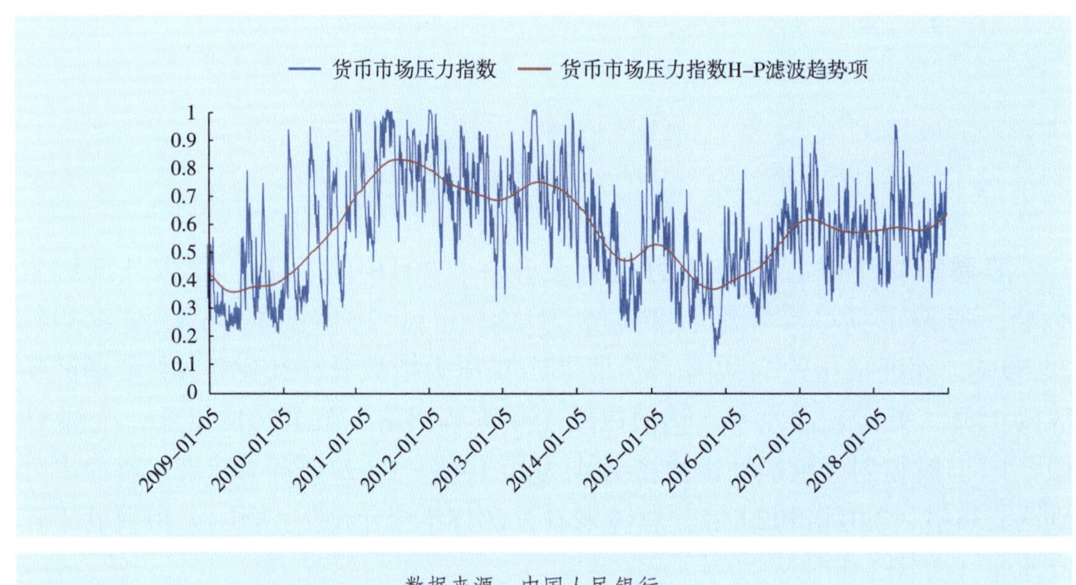

数据来源：中国人民银行。

图2–18　2009—2018年货币市场压力指数

债券市场信用风险有所上升，市场压力有所下降。2018年，债券市场压力整体下降，在债券市场压力指数三个构成要素中，机构投资者悲观预期缓和，但信用风险和波动风险有所上升。具体来看，受货币市场利率下行、美联储加息不及预期、国内经济发展速度放缓等多重因素影响，债券市场收益率总体下行。国债到期收益率曲线全年呈现稳中有降的趋势，1年期和10年期国债期限利差日均为59.79个基点，较上年平均水平上升30.2个基点。2018年，公司信用类债券共有46家发行人的130只债券发生违约，涉及发行金额1 243亿元，同比增长约219%。1年期和5年期AA级中期票据与同期国债的日均利差分别为174个和202个基点，较上年分别上升15.8个和25.9个基点，关键期限AA级中期票据与同期限国债利差（信用风险溢价）扩大。总体来看，2018年债券市场压力水平小于2017年（见图2–19）。

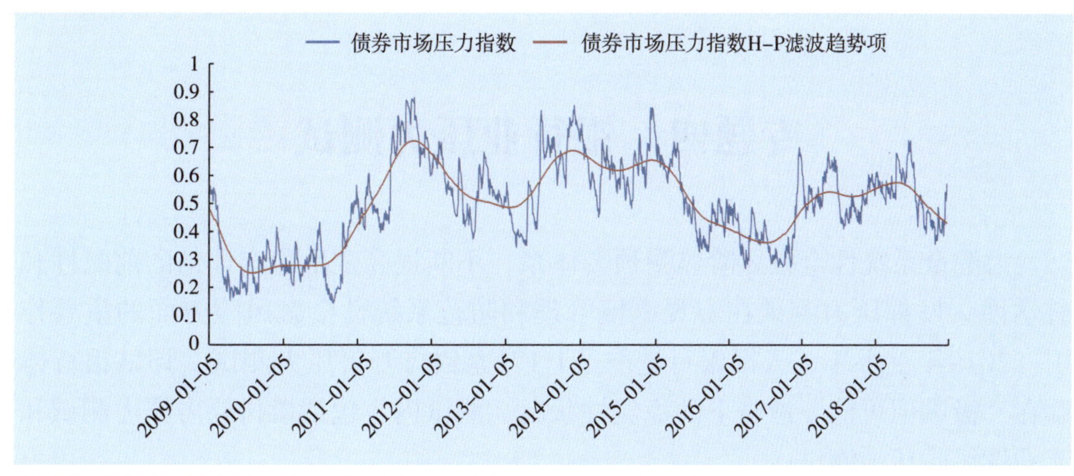

数据来源：中国人民银行。

图2-19　2009—2018年债券市场压力指数

人民币对美元汇率小幅贬值，外汇市场压力先升后降。2018年，人民币对美元小幅贬值，双向浮动加大，人民币对一篮子货币保持基本稳定。截至2018年末，人民币对美元汇率在岸市场收盘价报1美元兑6.8658元人民币，较上年末贬值3 538个基点，贬值幅度5.15%；人民币对美元汇率离岸市场收盘价报1美元兑6.8702元人民币，较上年末贬值3 566个基点，贬值幅度5.19%。2018年1月，人民币对美元即期汇率小幅升值。第二季度起，受美元指数走强和中美贸易摩擦影响，人民币对美元有所贬值。8月24日央行重启“逆周期因子”，有力遏制了汇率贬值趋势。11月至年末，人民币对美元汇率止跌回升。综合来看，外汇市场压力先升后降，年末压力水平与2017年末持平（见图2-20）。

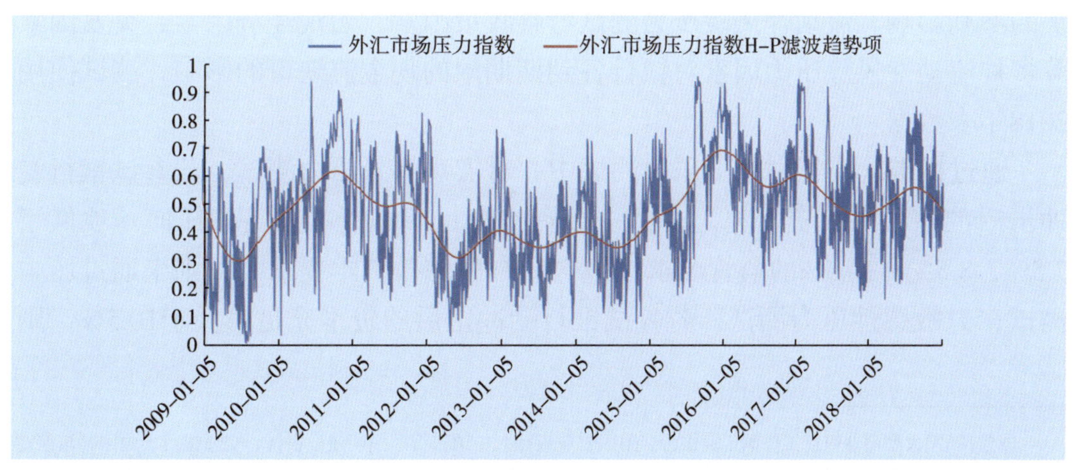

数据来源：中国人民银行。

图2-20　2009—2018年外汇市场压力指数

专题四　银行业压力测试

为健全系统性金融风险监测预警体系，不断提高金融稳定评估的前瞻性和科学性，发挥压力测试在宏观审慎管理和防范系统性金融风险方面的重要作用，2019年上半年，人民银行选取了1 171家银行开展压力测试，评估银行体系在“极端但可能”冲击下的稳健性状况。测试内容包括偿付能力压力测试和流动性风险压力测试。

一、压力测试基本情况

参试银行。参试银行包括6家大型商业银行、12家股份制商业银行、68家城市商业银行、383家农村商业银行、212家农村信用社、8家农村合作银行、435家村镇银行、8家民营银行和39家外资法人银行。截至2018年末，1 171家参试银行资产规模合计占银行业金融机构资产规模的70.3%，对其中资产规模在8 000亿元以上的30家大中型商业银行[①]，开展偿付能力、流动性风险压力测试，对其余1 141家银行开展偿付能力敏感性压力测试和流动性风险压力测试。

测试方法。偿付能力压力测试，包括宏观情景压力测试、敏感性压力测试，分别考察宏观经济下行、整体及重点领域风险状况恶化对银行资本充足水平的不利影响。流动性风险压力测试考察政策因素、宏观经济因素、突发因素等多种流动性风险压力因素对银行各到期期限的现金流缺口的影响。测试使用2018年末数据。

通过标准。在偿付能力压力测试中，对宏观情景压力测试，若参试银行受冲击后的核心一级资本充足率、一级资本充足率和资本充足率任何一项低于7.5%、8.5%和10.5%的监管要求（包含2.5%的储备资本要求），则未通过压力测试；对敏感性压力测试，若参试银行受冲击后的资本充足率低于10.5%，则

① 包括6家大型商业银行（中国工商银行、中国农业银行、中国银行、中国建设银行、交通银行、中国邮政储蓄银行），12家股份制商业银行（中信银行、中国光大银行、华夏银行、中国民生银行、招商银行、兴业银行、广发银行、平安银行、浦发银行、恒丰银行、浙商银行、渤海银行），9家城市商业银行（北京银行、上海银行、江苏银行、南京银行、宁波银行、盛京银行、徽商银行、杭州银行、锦州银行），3家农村商业银行（重庆农村商业银行、北京农商银行、上海农商银行）。

未通过压力测试。在流动性风险压力测试中，当压力情景下参试银行出现现金流缺口（现金流出超过现金流入）时，银行应采取措施，将合格优质流动性资产变现或质押给央行获得流动性，以弥补缺口，若全部可动用的合格优质流动性资产均已耗尽仍无法弥补缺口，则未通过压力测试。

压力情景[1]。宏观情景压力测试设置轻度和重度两个压力情景，宏观情景指标包含GDP同比增速、CPI涨幅、政策性利率、短期及长期市场利率和人民币对美元汇率等。敏感性压力测试以整体信贷资产和重点领域的不良贷款率、损失率、收益率曲线变动等作为压力指标。流动性风险压力测试设置轻度和重度压力情景，对不同表内资产、负债及或有融资义务分别设置不同的流入率或流失率，计算不同期限下的净现金流缺口（见表2–2）。

表2-2　银行业压力测试情景设计

测试类型	风险类别		压力情景
宏观情景压力测试	信用风险	贷款	•轻度冲击为GDP同比增速下降至5.30% •重度冲击为GDP同比增速下降至4.15% （其他宏观指标根据宏观经济计量模型设定）
		应收款项类投资	
	市场风险	银行账户利率风险	•轻度冲击为付息负债利率上升65个基点，贷款利率上升39个基点，其他生息资产利率上升65个基点 •重度冲击为付息负债利率上升167个基点，贷款利率上升100个基点，其他生息资产利率上升167个基点
		债券投资风险	•轻度冲击为短期利率上升65个基点，长期利率上升83个基点 •重度冲击为短期利率上升167个基点，长期利率上升215个基点
		汇率风险	•轻度冲击为人民币贬值3.17% •重度冲击为人民币贬值4.23%
敏感性压力测试	各项贷款风险		•轻度冲击为不良贷款率上升100%[1] •中度冲击为不良贷款率上升300% •重度冲击为不良贷款率上升700%
	房地产贷款风险		•轻度冲击为房地产开发贷款[2]和购房贷款[3]不良率均增加5个百分点[4] •中度冲击为房地产开发贷款和购房贷款不良率分别增加10个和7个百分点 •重度冲击为房地产开发贷款和购房贷款不良率分别增加15个和10个百分点
	地方政府债务[5]风险		•轻度冲击为不良资产率增加5个百分点 •中度冲击为不良资产率增加10个百分点 •重度冲击为不良资产率增加15个百分点

① 压力情景根据宏观经济计量模型设定，不代表人民银行对宏观经济的判断。

续表

测试类型	风险类别	压力情景
敏感性压力测试	客户集中度风险	•轻度冲击为最大1家集团客户违约，违约损失率60% •中度冲击为最大3家集团客户违约，违约损失率60% •重度冲击为最大5家集团客户违约，违约损失率60%
	表外业务⑥信用风险	•轻度冲击为发生垫款的表外业务敞口余额占比5% •中度冲击为发生垫款的表外业务敞口余额占比10% •重度冲击为发生垫款的表外业务敞口余额占比15%
	投资损失风险	•冲击一为非政策性金融债券收益率曲线上移400个基点 •冲击二为非金融企业债券收益率曲线上移400个基点 •冲击三为非债券类投资账面余额损失10%
流动性风险压力测试	表内资产负债及或有融资义务	•设置轻度、重度两种压力情景 •对不同到期期限的表内资产负债项目及或有融资义务分别设置流入率或流失率

注：① 假设初始不良贷款率为X%，则上升n%后不良贷款率为X%（1+n%）。

②房地产开发贷款包括地产开发贷款和房产开发贷款，地产开发贷款涵盖政府土地储备机构贷款，房产开发贷款包括住房开发贷款、商业用房开发贷款和其他房产开发贷款，其中住房开发贷款涵盖保障性住房开发贷款。

③ 购房贷款包括企业购房贷款、机关团体购房贷款和个人购房贷款，企业购房贷款包括企业商业用房贷款和经营性物业贷款，个人购房贷款包括个人商业用房贷款和个人住房贷款。

④ 假设初始不良贷款率为X%，则增加n个百分点后不良贷款率为（X+n）%。

⑤ 地方政府债务的风险敞口包含投资地方政府债券，投向政府投资类项目的贷款，通过理财产品、信托投资计划等特定目的载体对地方政府的资金融出以及其他以地方政府财政性资金为还款来源的资金融出。

⑥ 表外业务敞口参照监管报表G4B-2表外信用风险加权资产计算表（权重法）统计口径，包括等同于贷款的授信业务、与交易相关的或有项目、与贸易相关的短期或有项目、承诺、信用风险仍在银行的销售与购买协议、远期资产购买、远期定期存款、部分交款的股票及证券、银行借出的证券或用作抵押物的证券、其他表外项目、资产证券化表外项目。假设表外业务保证金比例为50%，表外业务发生垫款后，银行垫付资金为超出保证金的部分。

二、偿付能力压力测试结果

（一）宏观情景压力测试

30家参试银行整体抗冲击能力较强。宏观情景压力测试结果显示，30家参试银行整体资本充足水平较高，总体运行稳健。在轻度和重度冲击下，30家参试银行整体核心一级资本充足率从10.95%分别下降至10.16%和8.34%，一级资本充足率从11.66%分别下降至10.83%和9.04%，资本充足率从14.43%分别下降至13.47%和11.78%（见图2-21）。重度冲击影响较大，30家参试银行整体资本充足率下降2.65个百分点，但冲击后各级资本充足水平仍高于监管最低要求，表明30家参试银行对宏观经济冲击的缓释能力较强。轻度冲击下，9家参试银行未通过压力测试；重度冲击下，17家参试银行未通过压力测试。需要注意的是，宏观情景压力测试采用了比国际通行做法更为严格审慎的通过标准，巴塞尔协议Ⅲ框架下2.5%的储备资本要求是资本缓冲要求，不属于监管最低资本要求，国际上，压力测试的通过标准也通常不包括储备资本要求。若在压力测试通过标准中剔除储备资本要求，在轻度和重度冲击下，分别有1家和7家参试银行未通过压力测试（见图2–22）。

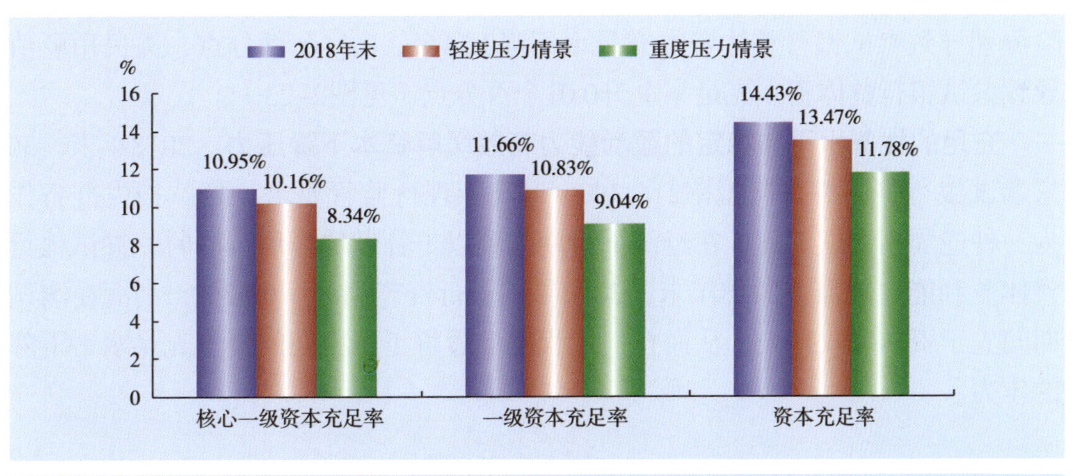

图2–21　宏观情景压力测试整体情况

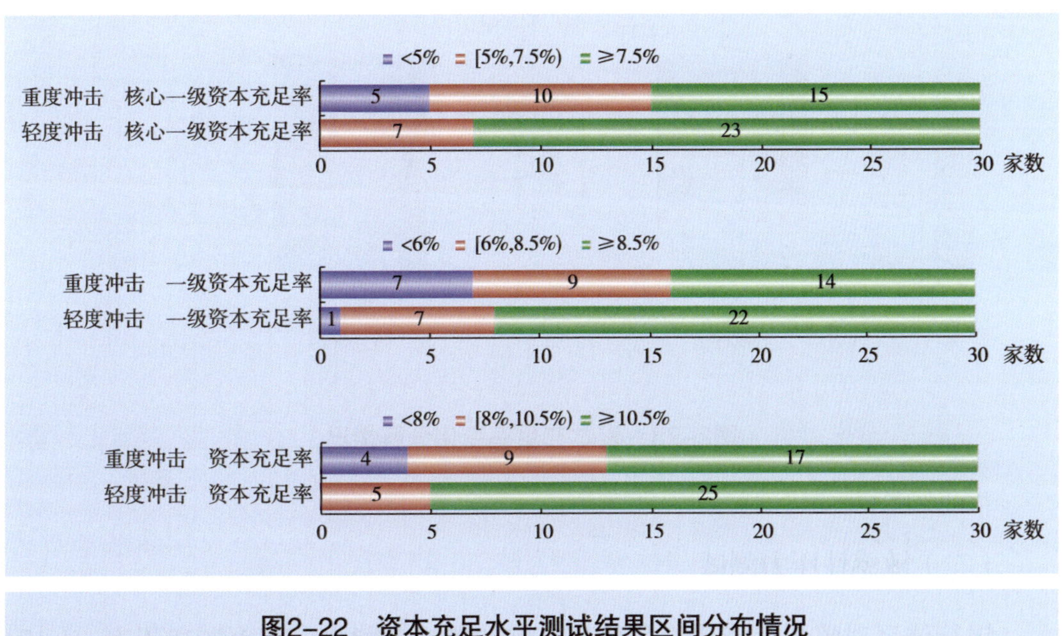

图2–22　资本充足水平测试结果区间分布情况

信用风险是30家参试银行的主要风险来源。在重度冲击下，30家参试银行全部损失的约80%来自信用风险损失，其中关键因素是压力情景下贷款质量恶化，不良贷款率上升。在轻度和重度冲击下，30家参试银行整体不良贷款率从1.46%分别上升至5.42%和7.38%，贷款信用风险损失导致整体资本充足水平分别下降2.2个和3.92个百分点（见图2-23）。

市场风险对30家参试银行影响有限。相比于信用风险，市场风险对参试银行资本充足水平影响较小，在重度冲击下，银行账户利率风险、债券投资风险分别导致参试银行整体资本充足率下降0.54个、0.64个百分点，人民币贬值导致参试银行整体资本充足率上升0.01个百分点（见图2-23）。

充足的拨备水平和稳定的盈利能力有效缓解资本下降压力。2018年末，30家参试银行整体拨备覆盖率216.7%，远高于现行监管要求。贷款损失准备作为一种逆周期管理工具，在经济下行期起到以丰补歉的作用。同时，参试银行整体盈利能力较强，2018年末，30家参试银行资产利润率0.92%，利润在测试期间先于资本吸收损失，从而在一定程度上缓解了压力期间资本充足水平下降的压力。

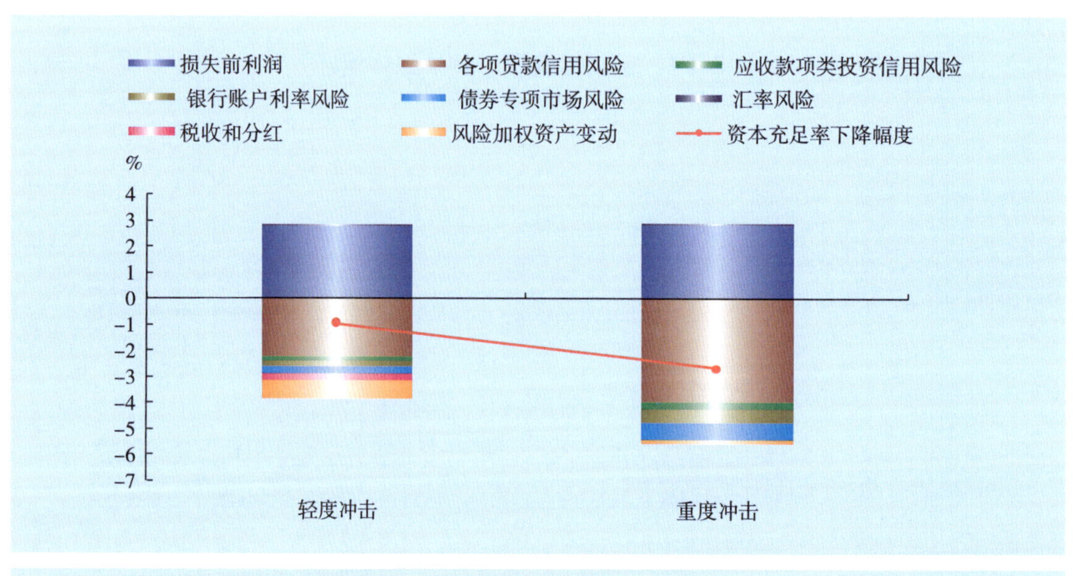

图2-23 资本充足率变化分解情况

（二）敏感性压力测试

银行体系对整体信贷风险恶化有一定的抗冲击能力。截至2018年末，1 171家参试银行各项贷款余额103.72万亿元，不良贷款率1.7%。在轻度冲击下，参试银行整体资本充足率将从14.24%降至13.56%，下降0.68个百分点；在中度冲击下，参试银行整体资本充足率降至12.20%，下降2.04个百分点；在重度冲击下，参试银行整体资本充足率降至9.42%，下降4.82个百分点（见图2-24）。

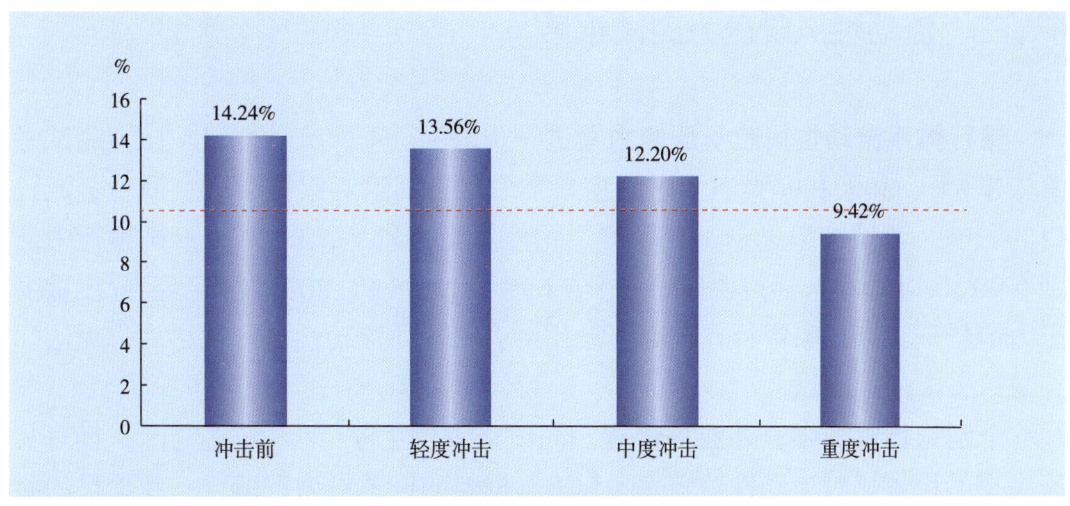

图2-24　整体信贷风险敏感性压力测试

部分重点领域风险值得关注。偿付能力敏感性压力测试结果显示，客户集中度、地方政府债务、房地产贷款、表外业务等领域风险值得关注。在客户集中度风险的重度冲击下，1 171家参试银行整体资本充足率从14.24%下降至11.51%，下降2.73个百分点。在地方政府债务风险的重度冲击下，参试银行整体资本充足率下降至12.74%，下降1.5个百分点。在房地产贷款风险的重度冲击下，参试银行整体资本充足率下降至12.85%，下降1.39个百分点。在表外业务风险的重度冲击下，参试银行整体资本充足率下降至13.16%，下降1.08个百分点（见图2-25）。

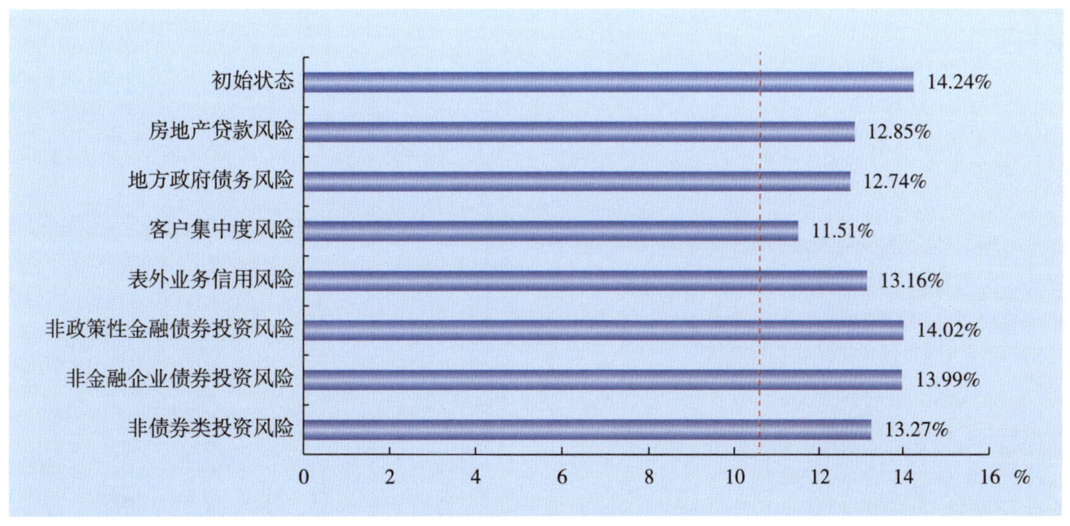

图2-25　重点领域敏感性压力测试结果（重度冲击）

三、流动性风险压力测试结果

银行体系流动性风险承压能力需进一步增强。本次流动性风险压力测试考察未来7天、30天和90天三个时间窗口下，压力因素对银行资产负债现金流缺口的影响。测试结果显示，在轻度、重度压力情景下，1 171家参试银行中分别有90家、159家未通过测试，占比7.69%、13.58%。30家大中型银行在重度压力情景下，有10家银行在全部可动用的合格优质流动性资产耗尽后仍无法弥补缺口，未通过测试。

个别银行需加强表外业务管理。测试将表外业务[①]纳入测试范围，且对其流失率的设置比对流动性覆盖率（LCR）框架的设置更为审慎，一些项目的赋值是LCR框架下流失率的10倍以上。从测试结果看，个别未通过测试的参试银行表外业务规模较大，需要关注极端情况下由于或有融资义务导致资金流失对银行的不利影响，加强表外业务管理。

① 如未提取的不可无条件撤销的信用及流动性便利、可无条件撤销的信用及流动性便利、保函、信用证及其他贸易融资工具等。

专题五　我国人身险业转型面临挑战

改革开放以来，我国保险业取得了长足的发展。2018年，我国保险业保费收入位列全球第二，仅次于美国。人身险在我国保险业中居主要地位，2018年，保险业保险保费收入3.80万亿元，人身险公司保险保费收入2.63万亿元，占比69.2%。近年来，我国人身险业快速发展，但也存在一些问题，目前正处于“回归保障本源”的转型阶段。

一、转型是我国人身险业健康发展的必然要求

2012年以来，保险业大力推进资金运用和费率市场化改革，保险公司的投资能力、产品定价和投资自主权大幅提升。资金运用范围不断拓宽，可投向不动产、股权、创业板、优先股、创业投资基金、信托计划、金融衍生品等多个领域，与国际基本一致；普通型人身险、分红险预定利率和万能险保证利率上限相继放开。人身险业进入新的发展阶段，2012—2017年，人身险公司保费年均增长21.2%，公司数量从68家增至85家。

在人身险业高速发展过程中，也暴露出一些问题，主要是中短期高现价万能险产品过快增长，资产负债错配严重。2013—2016年，高现价万能险对应的“保户投资款新增交费”年均增长54.6%，其中2016年，人身险公司规模保费3.42万亿元，保户投资款新增交费达到1.19万亿元，占比34.8%。十余家中小保险公司高现价万能险占到规模保费收入的50%以上，个别保险公司甚至达到95%以上。这些产品虽然设计期限为5~10年，但实际存续期通常为1~3年，有的甚至仅有几个月，成本很高。为支撑高成本，部分保险公司短钱长配，将销售高现价产品所得资金大量投资于权益类资产和长期限不动产等另类投资项目，在资本市场大肆举牌上市公司，大规模开展境外收购，还有少数保险公司涉嫌违规用保费自我注资、循环注资、虚假注资等，形成较大风险隐患。

针对人身险业中短期高现价万能险占比过高，重投资、轻保障，资产负债匹配难度高，流动性风险大等问题，保险监管部门加强监管，推动人身险业回归保障本源。2016年以来，监管部门连续发布《关于规范中短存续期人身保险产品有关事项的通知》《关于进一步加强人身保险监管有关事项的通知》《关于进一步完善人身保险精算制度有关事项的通知》《关于规范人身保险公司产

品开发设计行为的通知》等文件，要求保险公司中短期产品年度保费收入控制在公司最近季度投入资本和净资产较大者的2倍以内，中短期产品规模超过限额的要逐年压缩规模，对超过一定额度的，一年内不予批准设立新分支机构；保险公司不得以附加险等形式设计万能险产品。

自2017年以来，保险监管部门先后发布《关于进一步加强保险资金股票投资监管有关事项的通知》《保险公司股权管理办法》，对涉及上市公司收购的，实行事前核准，要求权益类资产的账面余额合计不得高于本公司上季度末总资产的30%，禁止保险机构与非保险一致行动人共同收购上市公司；进一步规范投资管理人受托管理保险资金的行为，强化境外投资监管。2018年初，保险监管部门发布了修订后的《保险公司股权管理办法》，加强股东行为监管力度，对违规股东视情节采取责令转让股权、撤销行政许可、限制投资保险业等措施。

上述监管规定发布后，人身险业中短存续期业务规模大幅下降，转型取得初步成效。2017年保户投资款新增交费为5 892亿元，比上年下降50%，个别公司降幅达90%以上；2018年保户投资款新增交费（扣除两家被处置机构）仅增长5.3%。保险公司举牌上市公司、股东违规注资等行为明显减少。

二、我国人身险业转型面临的困难

（一）保费增长放缓，尚未形成新的增长点

在新旧发展模式转换背景下，2018年人身险公司未能实现“开门红”。1月人身险公司保费收入同比大幅下降25.5%，第一季度同比下降16.82%，全年保费收入同比仅增长0.85%。

随着公众医疗健康服务需求的高涨和老龄化程度的加深，各界对商业健康险和商业养老险寄予厚望，希望将其作为我国人身险业的新增长点。近年来，虽然健康险和养老险保费增长速度较快：商业健康险保费10年中增长了8倍多，养老年金险保费年均增长率超过20%，但由于基数小，还难以带动人身险业整体较快增长。

（二）人身险公司服务客户能力和经营水平有待提高

一是产品同质化严重，难以满足需求。许多人身险公司产品虽然名称不一样，但主要条款相同，主打产品只有少数几只（十七家人身险公司前五大产品占总保费收入的90%以上），产品远不能覆盖公众的健康养老保障等需求。长

期养老险有效保单仅有几千万件，2018年健康险赔付支出在全国卫生总费用中占比虽然突破3%，但远低于发达国家水平。

二是销售和理赔服务有待规范。在销售中，部分人身险公司夸大产品保障责任和收益，保险条款表述前后不一致；没有明确告知客户保险期限、不按期交纳保险费的后果、解约损失等；通过互联网销售时，存在强制勾选、默认勾选等捆绑销售行为。在客户需要理赔时，部分人身险公司服务网点不足，对材料要求不合理，理赔程序复杂，支付周期长。在出现销售和理赔纠纷时，协商和解机制不完善，难以及时处理相关问题。

三是中小公司竞争力不足。中小保险公司普遍存在技术和基础数据积累不够、专业人才缺乏的问题，难以开展与自身特点相契合的差异化经营策略。许多公司主攻见效快、易上规模、技术含量低、高资本消耗的产品，或者简单模仿大公司方式开展业务，与其开展同质化竞争。由于在资本实力、成本控制等方面都比较薄弱，导致中小保险公司经营亏损。2018年，人身险业收入前5名的公司合计净利润占比70%以上，超过30家公司出现亏损。

四是利差损风险重现。20世纪90年代初，我国人身险公司主要参照银行存款利率进行定价，保单预定利率高达8%以上，而且签发了大量有效期超过20年的保单。之后，由于宏观经济形势变化，保险资金运用收益率下降，产生了利差损问题。为吸引投保人，2018年一些保险公司仍推出了预定利率达到4.025%的产品。考虑到本年保险资金运用收益率仅为4.33%，且当前利率下行，股票市场波动加大，保险资金运用收益率下滑，需要重点防范利差损风险。

（三）渠道发展面临困境

一是个人代理渠道"人海战术"难以为继。自2015年资格考试取消以来，保险营销人员数量大幅增长，由2014年的325万人增至2018年的872万人。营销员虽然数量庞大，但人员素质参差不齐，人均产能低，脱落率高，靠营销员数量增加而提升保费收入的模式已不可持续。

二是银邮渠道业务价值低、费用高。建立营销员队伍，投入大、周期长、见效慢，中小公司资源有限，主要依靠银邮渠道销售产品。虽然银邮渠道能快速带来保费收入，但多是理财型产品，内含价值较低，对提升保险业务品质贡献不大。自监管部门收紧政策以来，银邮渠道贡献率下滑较多，2018年银邮代理保费收入占总保费收入的30.59%，较2017年下降10个百分点以上。此外，在银邮渠道下，为争取客源，保险公司违规支付手续费问题突出，直接抬升了公司成本。

三是直销能力不足。虽然个人代理和银邮渠道是人身险公司最主要的销售渠道（二者合计贡献了人身险公司保费收入的90%左右），但采取的都是“保险公司+中介+客户”交易方式，保险公司对客户掌控力度不足。近年来，保险公司虽然大力发展电话营销、网络营销、门店营销等，提升直销能力，但效果不及预期。2018年，直销保费收入虽然同比增长14.9%，但仅占人身险公司总保费收入的7.67%。

（四）政策支持力度有待进一步提高

近年来，我国出台了一系列政策支持人身险业发展，先后推出了税优健康险和税延养老险，但两者的发展远低于预期。截至2018年末，税优健康险累计实收保费9.4亿元，仅占商业健康险保费收入的千分之一；16家保险公司开展税延养老险业务，累计实收保费约7 000万元。在税收优惠范围、办理手续的便利性、帮助保险公司更好管控成本等方面，相关支持政策还有改进的空间。

三、助推我国人身保险业转型的政策建议

发展人身险，有利于改善民生，建立健全多层次医疗保障和养老体系，还能为资本市场平稳健康发展提供长期资金支持。随着我国人口结构变化、社会财富增长、公众对健康生活需求日益提高，人身险业拥有了广阔的发展空间。此外，我国经济虽然存在下行压力，但也使公众的风险意识增强，刺激了保障需求。下一步，人身险业要抓住机遇，立足于满足人民生活需求和服务实体经济，努力提高客户满意度和业务质量，谋求更大发展。

一是加快转型发展。人身险公司应从理财管理回归风险保障，从规模导向转为价值导向，加强公司治理，避免股东的不当干预和公司经营的急功近利。要加强新技术应用，深入研究市场，结合自身业务和渠道特点，确定目标客户群，对客户进行细分，挖掘客户需求，有针对性地制定差异化的产品战略。大力发展保障型产品，全面提升产品保障责任、产品价值和理赔服务水平，推动人身险业与健康管理、医疗服务、养老服务等领域深入融合，培育新增长点。

二是推进销售渠道改革。对个人代理渠道，转变简单销售的策略，树立“精品化”意识，提高营销员职业技能，使其成为理财顾问，主动服务客户需求，增加满意度，提高人均产能。对银邮渠道，加强与银行的深度合作，充分利用自动银行、网上银行、手机银行等为银行客户提供保险服务。努力丰富产品种类，实现产品从趸交向期交、从理财型向保障型产品的转变，提升业务

价值。

三是加大政策支持力度。加强顶层设计，为人身险业转型提供更好的政策支持。例如，对税优健康险和税延养老险运行情况和试点情况进行全面评估，分析面临的障碍和问题，提高税收优惠力度，扩大承保人群的覆盖范围。简化投保和退税手续，提高税收优惠抵扣的便利性。实现公立医院和保险机构的融合对接，推进商业健康和养老保险的综合改革和全面发展。

四是主动服务实体经济。充分发挥人身险业资金期限长、规模大、稳定性强的优势，结合国家发展战略，通过股权、债权等多种投资方式，支持重大项目建设，促进实体经济发展。

专题六　公募基金流动性风险压力测试

近年来，资产管理行业规模日益增大，金融机构之间的联系变得越来越紧密，资管产品流动性风险外溢性增强。为加强公募基金行业风险防范，不断提高金融体系风险监测的科学性和前瞻性，人民银行对2018年公募基金的流动性进行了压力测试，评估公募基金流动性风险管理能力。

一、压力测试基本情况

测试对象。选取2018年末存续的4 851只公募基金作为参试对象。

测试模型。通过考察不同压力情景下参试公募基金应对赎回需求的流动性缺口，评估公募基金在不同程度流动性冲击下的兑付能力。选取净赎回率作为公募基金流动性冲击的代理变量，根据公募基金历史申购赎回数据模拟不同压力情景下公募基金可能面临的赎回需求。将公募基金所持资产分为13类，按流动性不同分别赋予相应权重，根据2018年末公募基金资产负债表数据计算每只公募基金流动性加权资产总额，并对公募基金在投资、运营中因质押融资、费用计提等产生的负债进行扣减，得到可用于兑付赎回的流动性加权资产净额。若参试公募基金流动性加权资产净额在压力情景下可以应对赎回需求，则通过压力测试。

压力情景。按照投资对象和投资策略等因素，公募基金可分为普通股票型基金、被动指数型基金、中长期纯债型基金等20个类型，不同类型公募基金历史净赎回率分布之间存在差异。根据历史申购赎回数据对每一类型公募基金按照赎回冲击程度设置轻度和重度两种压力情景，分别对应10%和5%置信水平下的净赎回率水平（见表2-3）。

表2-3　　各压力情景下赎回冲击

基金类型	轻度压力情景	重度压力情景
	净赎回率（%） VaR（0.1）	净赎回率（%） VaR（0.05）
普通股票型基金	29.67	45.64
被动指数型基金	31.21	45.8
增强指数型基金	33.14	51.52
偏股混合型基金	22.21	33.82
平衡混合型基金	12.79	23.03
偏债混合型基金	43.59	66.55
灵活配置型基金	44.61	68.98
中长期纯债型基金	48.26	69.25
短期纯债型基金	56.2	73.09
混合债券型一级基金	42.48	56.46
混合债券型二级基金	45.52	60.33
被动指数型债券基金	48.3	68.1
增强指数型债券基金	30.82	67.46
货币市场型基金	49.56	67.17
股票多空基金	47.14	61.89
商品型基金	38.99	58.76
国际（QDII）股票型基金	29.58	44.3
国际（QDII）混合型基金	25.29	40.31
国际（QDII）债券型基金	33.03	45.86
国际（QDII）另类投资基金	23.11	33.11

数据来源：中国人民银行。

二、压力测试结果

压力测试结果显示，我国公募基金流动性风险管理能力整体较强。在轻度压力情景下，全部参试公募基金均通过了压力测试。在重度压力情景下，未通过测试的公募基金为113只，占参试公募基金总数比重为2.33%。

分基金类型看，债券型基金抗流动性冲击能力相对较弱。在重度压力情景下，中长期纯债型基金未通过压力测试的基金数最多，为73只，短期纯债型基金未通过压力测试的基金数占对应类型参试基金数之比超过10%（见表2–4）。

表2-4　　压力测试结果：分基金类型

基金类型	参试基金数（只）	未通过测试基金数		未通过测试基金占比（%）	
		轻度	重度	轻度	重度
普通股票型基金	287	0	0	0	0
被动指数型基金	469	0	0	0	0
增强指数型基金	79	0	0	0	0
偏股混合型基金	610	0	0	0	0
平衡混合型基金	29	0	0	0	0
偏债混合型基金	217	0	9	0	4.15
灵活配置型基金	1 318	0	12	0	0.91
中长期纯债型基金	858	0	73	0	8.51
短期纯债型基金	32	0	4	0	12.5
混合债券型一级基金	95	0	1	0	1.05
混合债券型二级基金	280	0	11	0	3.93
被动指数型债券基金	39	0	2	0	5.13
增强指数型债券基金	2	0	1	0	50
货币市场型基金	371	0	0	0	0
股票多空基金	17	0	0	0	0
商品型基金	9	0	0	0	0
国际（QDII）股票型基金	64	0	0	0	0
国际（QDII）混合型基金	34	0	0	0	0
国际（QDII）债券型基金	22	0	0	0	0
国际（QDII）另类投资基金	19	0	0	0	0
总计	4 851	0	113	0	2.33

数据来源：中国人民银行。

专题七　私募基金行业风险分析与发展建议

近年来，我国私募基金行业迅速发展，在服务实体经济发展、支持创新创业、增加证券市场资金供给等方面发挥了重要作用。但囿于法律体系不完善、监管资源有限、行业规范经营基础薄弱、投资者不成熟等原因，近年来私募基金行业爆发了一些风险事件，相关问题亟须高度关注。

一、我国私募基金行业的发展历程和现状

私募基金是指以非公开方式向特定投资者募集资金并以特定目标为投资对象的投资基金。20世纪90年代初，我国资本市场初步建立，当时公募基金品种少，投资策略类似，也不能提供有特色的高端理财服务。为满足投资者的多元化需求，向少数高净值人群募集资金并投资的基金应运而生。不过当时私募基金的投资人和管理人只是一种私下的资金委托关系。2012年12月，新修订的《中华人民共和国证券投资基金法》对私募基金作出相关规定，确立了私募基金的法律地位。目前，设立私募基金管理机构和发行私募基金不设行政审批，证监会对私募基金业务活动实施监督管理，中国证券投资基金业协会对私募基金管理机构和私募基金办理登记备案并开展行业自律。

截至2018年末，在中国证券投资基金业协会登记的私募基金管理人24 448家，备案基金74 642只，规模12.78万亿元。私募证券投资基金、私募股权与创投基金、其他类私募基金管理人数量占比分别为37%、60%、3%。从私募机构管理规模看，规模大且实力强的机构占比低，管理规模小于1亿元的机构占69.6%。从地区分布看，78%的私募机构注册在上海、深圳、北京、浙江（不含宁波）、广东（不含深圳）、江苏、天津七个地区。从投资者构成看，自然人超过85%，缺乏机构投资者和长期资金。

私募基金的壮大丰富了我国居民的投资渠道，推动了实体经济和资本市场的发展。目前，私募证券投资基金已成为证券市场重要的机构投资者，在增加市场资金供给、促进股市平稳运行方面发挥了积极作用。私募股权与创投基金在服务实体经济、推动供给侧结构性改革、支持创新创业、解决中小企业融资难等方面发挥了重要作用。截至2018年末，私募基金投资中小企业项目5.03万个，在投本金1.57万亿元；投资高新技术企业项目2.47万个，在投本金1.04万

亿元。在科创板首批提交上市申请的141家科技创新企业中，117家企业得到私募基金支持；首批25家科创板上市企业中，23家企业得到私募基金支持。

虽然私募基金的发展取得了重要的成绩，但由于私募行业发展历程短、法律规范建设滞后、监管力量不足等原因，近年来私募基金行业暴露出一些问题和风险。

二、私募基金行业存在的问题和风险

违规募集资金。与公募基金面向普通投资者不同，私募基金只能面向合格投资者销售，对投资者适当性、销售流程、投资者人数等都有严格的限制。但是，少数私募基金为迅速扩大管理资金规模，在资金募集阶段采取一些违规手法募集资金，比如一些私募机构为了规避基金认购门槛，利用互联网平台将私募产品份额收益权拆分转让给非合格投资者，通过拼单进行基金代持，向非合格投资者募集，单只私募基金投资人数累计超过法律规定的特定数量。一些私募机构存在误导性或虚假宣传、公开宣传推介、承诺保本保收益等违规募集行为。这些募集方式扭曲了私募基金的"私募"特性，掩盖了可能存在的风险，甚至有些行为已涉嫌非法集资，对私募基金市场秩序造成较大冲击。

违规开展投资业务。私募基金作为资产管理行业，本应严格按照合同约定的方式将资金投向特定的投资品种。但是实践中少数私募基金却违反合同规定开展投资业务，给委托人的资金带来较大风险，甚至一些行为已涉嫌严重违法犯罪。一是采取多种形式隐蔽设置资金池。少数私募基金公司募集资金与投资项目不匹配，将募集来的资金部分投资于约定项目，部分偿还其他到期产品的约定收益，不断"募新还旧"，从而积聚风险。二是挪用基金财产，利用私募基金搞关联交易和利益输送。少数私募基金公司将募集来的资金投入私募基金公司实际控制人所投资的关联企业或相关项目，涉嫌利益输送和侵占基金财产。

日常经营管理不规范。典型的经营管理不规范行为包括：内控不健全、兼营与私募基金无关业务、登记备案信息更新不及时不准确、基金产品备少募多或先备后募导致大量资金游离监管体外、证券类私募基金从业人员未取得基金从业资格、未按基金合同约定进行信息披露、不配合监管检查等。这些不规范行为蒙蔽了投资者和监管部门的视线，掩盖了可能存在的风险，扰乱了市场秩序，亟须加以整治。

三、政策建议

夯实法规基础，提高规范要求。现有《私募投资基金监督管理暂行办法》在很多方面已不适应实践中私募基金业务的发展。在总结私募基金行业发展经验的基础上，尽快推动出台《私募投资基金管理暂行条例》，明确行业基本展业条件，丰富监管手段，提高处罚力度，完善私募基金风险处置央地协作机制。推动在《中华人民共和国刑法》及相关法规修订中，进一步明确私募基金刑事司法适用罪名及标准，大幅提高违法成本。制定私募基金托管、销售等监管制度，逐步丰富行业监管规则体系框架。

优化政策导向，立足服务实体经济。研究引入银行、保险等中长期资金投资私募基金，推进并购重组领域创投基金所投资企业上市解禁期与投资期限反向挂钩机制，推动制定中性、公平、鼓励长期投资的行业税收政策。支持私募股权与创投基金更好地服务国家战略和实体经济，推动行业严格执行国家产业政策，拓宽创新创业企业及中小微企业融资渠道，促进经济结构调整和产业转型升级。

加强风险监测，做好风险防控。持续建设完善私募基金监管信息系统，实现科技化风险监测，加强预警预判。构建非现场检查、现场检查相结合的事中监管机制，提高监管针对性、主动性。继续做好重大风险个案的处置与化解工作。持续开展对行业全面风险摸排，并针对不同情况进行化解、处置。

深化各方协作，形成处置合力。推动市场监督、税务、司法等信息与证监会私募基金监管信息共享和互联互通，多渠道发现风险线索，提高风险预警能力。配合地方政府打击以“私募基金”名义非法吸收公众存款、集资诈骗等违法犯罪行为。

净化行业生态，保护投资者合法权益。发挥行业自律组织作用，组织合规培训，通过典型案例、违法违规处理宣传，强化警示作用，培育私募基金行业机构合规内生动力和诚信经营的文化。积极做好投资者适当性宣传教育，引导投资者树立理性投资、依法维权理念，鼓励投资者和行业从业人员依法举报私募行业的违法违规行为。

专题八　在上交所设立科创板并试点注册制

当前，我国经济已经从高速增长阶段转变为高质量发展阶段，经济再平衡正在持续推进，实体经济对金融服务的需求不断提升。在此背景下，以培育更多科技创新企业、助力经济转型升级为目标，党中央、国务院批准上海证券交易所（以下简称上交所）设立科创板并试点注册制。经过七个多月的筹备，科创板于2019年6月13日正式开板，首批25家公司已于7月22日正式上市交易。下一步，宜充分发挥科创板资本市场改革试验田作用，探索完善资本市场发行、交易、退市机制，使资本市场更好地服务于国家战略和国民经济发展大局。

一、科创板的主要制度创新

在上交所设立科创板并试点注册制，是落实创新驱动发展战略、推动高质量发展、支持上海国际金融中心和科技创新中心建设的重大举措，是深化资本市场改革、完善基础制度、激发市场活力的重要安排。科创板及相关创新制度的推出，有利于丰富完善多层次资本市场体系，构建更具弹性的资本市场，提升资本市场服务实体经济的能力。

更富包容性的发行上市条件。上交所制定了“预计市值+净利润”“预计市值+收入+研发投入”“预计市值+收入+现金流”“预计市值+收入”和“预计市值”5套标准，符合其中任意1套标准的企业可以申请在科创板发行上市。企业盈利性不再作为必要条件，并允许特殊股权结构企业和红筹企业上市。

更加市场化的新股发行定价机制。有别于A股其他板块现行23倍市盈率的新股直接定价安排，科创板实行市场化的新股发行定价机制，不对发行市盈率进行限制，发行人和主承销商可以直接通过初步询价确定发行价格，也可以在初步询价确定发行价格区间后，通过累计投标询价确定发行价格。而且，询价对象以证券公司、基金管理公司、信托公司、财务公司、保险公司、合格境外机构投资者和私募基金管理人等专业机构投资者为主，这有利于充分发挥机构投资者在新股价格发现中的作用。

灵活高效的交易制度。科创板的交易制度强调投资者适当性管理和增加市场弹性。科创板严格实施投资者适当性管理制度，并大幅提高对股票交易价格波动的容忍性，上市前5个交易日无涨跌幅限制，第6个交易日开始执行20%的涨跌幅限制，这有利于纠正新股上市后的习惯性涨停，促进市场价格发现机制的充分发挥。同时，积极遏制二级市场过度投机，上市首日开放融资融券业务，引入灵活调整单笔申报数量等差异化机制安排，减少被动大额交易盘中对股价的冲击，促进市场的自发平衡。

试行保荐人“跟投”制度。长期以来，A股市场由于欺诈发行、虚假信息披露等违法违规成本过低，发行人和投资者之间的纠纷化解和赔偿救济机制也不完善，新股发行中粉饰财务报表、虚假信息披露等欺诈发行现象时有发生。在试点注册制过程中，为强化中介机构责任，科创板建立保荐机构强制跟投机制，强制要求保荐机构跟投新股发行规模的2%~5%，锁定期限为2年。

更严格的退市制度。科创板不再单纯因连续三年亏损强制企业退市，而是设置了组合性财务类退市指标，力求精准清除“僵尸企业”和“空壳公司”。科创板不再设立退市整理期、暂停上市等程序，符合退市条件的上市公司直接退市，程序大为简化。科创板退市监管更为严格，依靠贸易收入等非主业收入“保壳”等行为将不再被认可。

二、对相关制度安排的思考与政策建议

科创板多项创新制度已经与成熟市场接轨，但也存在有待完善之处。下一步，建议以科创板成功推出为契机，做好下列工作。

尽快修订相关法律规定，大幅提升证券市场违法违规成本。可考虑借鉴2018年10月修订《中华人民共和国公司法》第一百四十二条的成功经验，尽快修订《中华人民共和国证券法》中涉及欺诈发行、虚假信息披露等证券市场违法违规行为的处罚条款，加大对证券市场违法行为的惩戒力度，同时推动《证券法》《公司法》《刑法》的联动修订，加快构建权利与义务相匹配的资本市场法律规则体系。

切实加强投资者保护。进一步完善民事诉讼渠道，可考虑利用上海已成立全国首家金融法院的有利契机，探索培育中国特色的集团诉讼制度，让中小投资者可以通过法律途径维权，切实维护投资者利益，提高对证券违法行为的威慑力。在举证责任方面，鉴于证券市场违法犯罪具有专业性、复杂性、隐蔽性等特征，难以举证、查处困难，可考虑借鉴成熟市场经验，实行举证责任倒置，通过辩方举证解决举证困难问题。

建立科创板动态评估机制。在科创板试点注册制过程中，定期对相关制度安排进行动态评估。试点成熟一项推广一项；需要进一步改进的，尽快根据试点相关情况进行完善，形成可复制、可推广的经验。

专题九　债券市场违约风险分析及应对

2018年，受多重因素影响，债券违约风险加快暴露。为避免个体债券违约风险扩散蔓延，相关部门采取措施主动应对、综合施策，保障债券市场稳健运行。2019年公司信用类债券到期兑付较为集中，债券市场仍面临违约风险加大的压力。下一步，应继续完善债券违约处置机制，畅通违约债券司法救济渠道，切实防范债券市场违约风险，维护债券市场平稳运行。

一、债券市场违约总体情况

部分企业经营发展模式粗放，在宏观经济形势较好时期盲目扩张，过度依赖债务融资，风险积累较多。2018年，国内外形势更加复杂严峻，宏观经济下行压力增大，企业盈利能力下滑，融资渠道收缩，一些企业资金周转出现困难，发生债券违约。

2018年全年债券市场违约事件增多。全年公司信用类债券共有46家发行人的130只债券发生违约，涉及发行金额1 243亿元，同比增长219%。从违约主体行业分布看，主要涉及综合、房地产、商业贸易和公共事业等行业。从违约时间分布看，2018年上半年违约数量较少，下半年违约数量明显增多。

债券市场风险偏好受违约事件影响有所下降。从发行利率看，2018年全年1年期和5年期AA级中期票据与同期国债的日均利差分别为174个和202个基点，较上年分别走扩15.8个和25.9个基点，信用风险溢价扩大。此外，债券市场违约风险有向其他市场传导的趋势，从已发生的违约案例看，部分上市违约企业因债券违约而出现股价下跌，面临股票质押融资爆仓风险。

二、应对措施

为防止债券违约风险暴露冲击市场信心，人民银行会同有关部门采取系列措施，持续完善违约风险防范处置机制，切实维护债券市场平稳运行。

一是实施稳健的货币政策，营造良好的债券市场融资环境。2018年，人民银行先后四次降低存款准备金率，增量开展中期借贷便利操作，为实体经济提供合理充裕的流动性支持。运用和创新结构性货币政策，加大对民营、小微等重点领域和薄弱环节的金融支持，扩大中期借贷便利担保品范围，将AA+级、AA级公司信用类债券纳入中期借贷便利担保品，稳定市场信心。积极引导金融机构加大信贷投放力度，推动商业银行永续债发行，增强商业银行支持实体经济的可持续能力。

二是引导设立民营企业债券融资支持工具和纾困专项债，改善民企融资困难局面。2018年10月22日，国务院常务会议决定设立民营企业债券融资支持工具，以市场化方式帮助缓解民营企业融资难。截至2018年末，金融机构通过创设信用风险缓释凭证和信用保护工具，共支持41家民营企业在银行间市场和交易所市场发行247.4亿元债务融资工具。支持工具推出后，民企债券融资明显好转，2018年11月至12月民营企业发债净融资912.4亿元，扭转了2018年5月至10月民营企业债券融资较为低迷的情况。此外，交易所推出纾困专项债券，支持具有发展前景但暂时陷入经营困难的民营企业，助力缓解资金困境。

三是强化债券市场监管，完善违约债券市场化处置机制。2018年，人民银行、证监会、国家发展改革委发布《关于进一步加强债券市场执法工作的意见》，建立统一的债券市场执法机制，支持证监会对欺诈发行、内幕交易和市场操纵等行为进行统一处罚。相关部门指导外汇交易中心、沪深证券交易所、北京金融资产交易所推出建立违约债券转让机制，引导专业投资者通过投资到期违约债券参与企业重组，为违约债券持有者提供市场化退出渠道，减少风险集聚。同时，中国银行间市场交易商协会及沪深证券交易所进一步完善投资人保护条款，提高债券持有人会议制度效力，为投资人提供更多个性化、多样化保护措施。此外，交易所推出公募债交易机制动态化调整机制及特定债券转让机制，便利风险出清，保护投资者合法权益。

在上述努力下，尽管2018年债券违约有所增多，但公司信用类债券市场仍保持了较为平稳的运行态势，融资规模显著增长。2018年共发行公司信用类债券7.3万亿元，同比增长32.7%；净融资2.5万亿元，同比增长10.9%，占社会融资比重达到12.9%。截至2018年末，我国债券市场违约后未兑付金额为1 465亿元，占公司信用类债券余额比重的0.79%，低于国际水平。

三、债券市场风险形势展望及政策建议

2019年，全球经济增长势头有所减弱，加之中美贸易摩擦局势复杂，部分企业盈利能力趋于下滑，内生偿债能力下降，考虑到2019年公司信用类债券

到期规模（含回售规模）预计超过6.3万亿元，需要密切关注债券市场违约风险。同时，随着前期有关部门出台的稳就业、稳金融、稳外贸、稳外资、稳投资、稳预期等各项政策开始发挥作用，国内宏观经济环境将整体保持企稳向好态势，目前违约主体行业和地域也较为分散，不存在大面积违约的基础。总体来看，2019年债券市场个体违约事件还可能持续发生，部分对债务融资依赖程度过高，尤其严重依赖短债滚存的企业，可能仍是年内违约的主要群体。

无论是从市场发展的客观规律，还是从国际经验来看，违约是在债券市场逐步成熟的过程中难以避免的现象，应当客观理性地看待债券市场违约风险及其影响。单体的债券违约，有利于完善信用风险定价机制，加快市场出清，促进经济结构调整，打破刚性兑付。但若债券违约大面积爆发，也会打击金融市场信心，影响债券市场发挥正常融资功能。因此，应在遵循市场化、法治化原则的前提下，稳妥部署应对措施，保障债券投资人合法权益，防止债券违约风险扩散蔓延引发系统性风险。

下一步，应持续加强债券市场制度建设，进一步完善违约债券处置机制，提高违约处置效率，推动市场应对和化解风险的能力不断提升。一是保持稳健的货币政策松紧适度，发挥货币政策的结构优化作用，为债券市场营造适宜的发展环境。二是不断完善配套政策，引导金融机构高度重视并积极推广民营企业债券融资支持工具，推动支持工具增量、扩面惠及更多企业。三是不断强化信息披露要求，提升信息披露质量，完善细化持有人会议和受托管理人制度安排。同时，督促发行人和主承销商、会计师事务所、律师事务所、评级机构等中介机构尽职履责，持续提高投资人保护力度。四是完善到期违约债券交易机制安排，引导更多的专业化投资者参与违约债券处置，提高风险出清效率。五是畅通债券违约司法救济渠道，推动解决主承销商或受托管理人的诉讼地位和债券纠纷案件的管辖问题，提升案件审理的专业化程度和破产重整进程的效率。

专题十　探索完善金融监管框架 促进金融科技健康发展

近年来，金融科技发展迅速，无论是运用大数据、人工智能创新金融服务还是对数字货币的研发探索，都体现了金融与科技深度融合的趋势，对实体经济和金融体系产生深刻影响，平衡好风险和创新的关系成为全球金融监管面临的共同课题。我国金融科技发展取得显著进展，在局部细分市场上还具备了全球领先优势，但在金融科技快速发展过程中也产生和暴露了一些风险。下一步，我国应在总结国际金融科技监管经验的基础上，密切结合中国实际，把握全球金融科技发展大势，加快完善现有监管框架，创新监管模式和手段，在尊重市场原则、鼓励创新的同时，积极有效防控金融风险，趋利避害，促进我国金融科技健康发展。

一、金融科技发展趋势

2017年，金融稳定理事会（FSB）将“金融科技”（Fintech）概括为通过技术手段推动金融创新，形成对金融市场、机构及金融服务产生重大影响的业务模式、技术应用以及流程和产品。巴塞尔银行监管委员会（BCBS）总结了国际金融科技活动最为活跃的四个领域：一是支付结算类，如移动钱包、数字货币等；二是存贷款与资本筹集类，如网络借贷、股权众筹等；三是投资管理类，如智能投顾；四是金融市场基础设施类，如客户身份认证、分布式账户、云计算等。

从发展趋势看，近十年来金融科技的发展，一方面突出表现为各种新型支付工具的兴起，以互联网平台和通信公司为代表的技术类企业涌入全球金融服务市场；另一方面，金融机构积极使用自动化和去中心化等技术，提高内部经营效率和金融服务质量。目前，有观点认为，商业银行、中央银行提供的部分金融服务和部分金融基础设施未来可能会被新型公司、自动化程序和去中心化网络取代。如近期脸书（Facebook）公司提出关于数字代币Libra的设想，引发国际社会广泛关注。

从技术维度看，各类计算机技术在支付结算、存贷款、风险管理和投资咨询领域的应用已达到前所未有的高度。**人工智能和大数据运用方面，**日益先进的算法能在几十亿条交易数据的基础上解析和挖掘交易特征和行为模式，预测后续行为，自动化决策，目前主要应用于自动化金融资产交易、自动化信用评分、金融监管领域。**分布式记账技术方面，**作为多项金融业应用的底层技术，具有削减成本、实现去中介化的“企业对企业”（B2B）贷款交易等潜在优势，但其在系统性能、可扩展性、存储能力、隐私保护和安全性问题等方面也存在短板，目前仍处于快速发展过程中，将来或将改变支付、证券结算及后台业务等领域业务格局。**移动设备和互联网技术发展方面，**消费者通过移动便携设备全面享受金融服务，或是通过第三方应用程序进入金融服务界面，能促进网络借贷及企业直接融资发展，推动普惠金融发展。**加密技术方面，**其发展将为拓展其他各类技术应用前景提供支撑。

二、我国金融科技发展的基本情况

近年来，大数据、分布式记账、云计算和人工智能等高科技推动我国金融创新迅猛发展，催生了互联网支付、网络借贷、股权众筹融资、智能投顾等新业态。

传统金融机构利用科技手段创新发展。一是调整优化经营战略和架构，摒弃依靠传统网点的“人海战术”，在巩固传统渠道的同时，探索手机应用、微信公众号、网络直销等多元化渠道，拓展线上金融服务。二是提升服务效率，通过互联网渠道不断创新产品服务，开展供应链金融，刷脸存取款，小微企业网络融资等业务。三是提高经营效率，开发运用人工智能等新技术，开展智能投顾业务，在支付清算、信用管理、资产托管等方面引入区块链技术，借助智能合约，简化风险管理、增加透明度。

大型科技企业加速布局金融业。一是牌照获取方面，2015年阿里巴巴和腾讯各自作为主发起人成立了浙江网商银行和前海微众银行，将“服务场所”设置在线上，打破传统金融服务的时间和空间限制。二是优化金融服务方面，互联网企业提供的手机支付业务，在零售支付领域占据重要地位，蚂蚁金服还通过芝麻信用、蚂蚁金融云、网金社等业务，提供征信、云计算、资产交易平台等金融服务。三是业务合作方面，主要体现为科技企业为传统金融机构打造线上运营平台，向金融机构开放最新的人工智能技术，并为金融产品销售提供线上渠道。

此外，各类企业都有办金融的强烈冲动，但良莠不齐。2012年以来，因准入门槛低等因素，网络借贷、股权众筹等普通民众即可设立的互联网金融业务迅速发展，最高峰时全国网络借贷平台数量超过5 000家。这些平台发展良莠不齐，在满足多元化投融资需求的同时，积累了许多问题和风险。2018年下半年以来，随着经济下行压力加大，1 000多家网络借贷平台集中爆雷，尤其是一些风险事件的爆发，对行业声誉造成了较大负面影响，危及社会和金融稳定，规范此类业务发展成为广泛共识。

三、当前我国金融科技发展带来的挑战

金融科技的发展推动了普惠金融，在便利金融交易、满足多元化投融资需求、提升金融服务质量、提高资源配置效率方面发挥了积极作用，但也暴露出一系列问题，对维护金融业稳健运行带来挑战。

增加金融体系关联性和顺周期性，加剧跨行业、跨市场、跨区域的风险传递。金融科技使金融机构、科技企业和金融市场基础设施间的联系更加紧密，三者之间任何一环出现问题，都可能被迅速放大并形成系统性风险。此外，金融机构在通过自动化和人工智能等技术降低成本的同时，底层算法和操作的趋同可能导致金融市场价格大幅波动，造成风险叠加共振，加剧金融体系的顺周期性。

影响宏观调控政策的有效性。一是各类金融科技创新增加了货币金融的统计复杂性，尤其是一些金融产品和业务事实上具有期限转化功能，从而影响货币政策的传导。二是缺乏监管的网络借贷容易将资金引向落后产能和限制领域，不利于信贷政策发挥作用。三是部分科技公司拥有支付清算、征信和金融资产交易平台等金融基础设施，对相关领域的规则制定、准入退出等产生影响。

对现行金融监管形成挑战。由于互联网监管环境相对宽松，部分互联网金融业务游离于金融监管之外或利用现有分业监管的空白进行套利。例如，部分大型互联网企业通过新设机构、控股或参股金融企业等方式，已演化为事实上的金融控股集团，但其本身并不直接受到监管。其中，一些互联网企业以单纯获取金融牌照为目的，将所控金融机构作为资本运作平台，追逐高额金融投资回报，偏离服务实体经济。

存在信息安全隐患。金融科技在帮助金融机构进一步了解客户的同时，也可能带来信息过度收集、滥用和泄露等社会问题。此外，部分机构掌握了海量

消费者数据，垄断整个信息链条，一旦发生数据泄露或遭受网络攻击，甚至可能对整个国家的数据安全造成威胁。

四、国际上金融科技监管的主要做法

目前，金融科技监管尚未形成国际标准框架，从实践来看，主要经济体都密切关注金融科技发展趋势，并及时调整现行监管框架，注意平衡好鼓励创新与防范风险之间的关系。

政策法规方面，注重完善现行体系，强化消费者保护。美国货币监理署（OCC）探索构建针对互联网金融的监管体系，联邦及州层面监管部门加快研究基于互联网开展的金融活动监管规则；欧洲银行管理局（EBA）发布《金融科技监管路径》，对其金融科技工作的目标和范围进行听证；英国发布《通过互联网众筹及其他媒介发行不易变现证券的监管办法》，对网络借贷平台的信息披露、消费者保护作出明确监管要求。

监管架构方面，注重功能监管和持牌监管，确保监管有效覆盖。由于金融科技并未改变金融市场的基本格局和金融业务的基本法律关系，目前主要国家均沿用现行监管框架，根据业务属性对金融科技相关业务进行归口管理，实施功能监管和全面覆盖。一是对于网络借贷、众筹股权融资等属性明确且发展迅速的业务，通常通过牌照审批等方式纳入现行法律框架予以约束。二是对于业务属性尚不明确、未形成规模的创新业务，先通过行业自律予以约束，评估其发展后再决定监管方式。三是部分国家还进一步改革牌照机制，如美国货币监理署推出金融科技银行牌照，印度于2016年发放“有限支付业务银行牌照”。四是部分国家将监管范围延伸至第三方服务提供商，赋予监管部门对第三方服务机构进行定期专项监管检查和风险评估的权力。

监管工具方面，注重探索创新促进机制，平衡风险管控与鼓励创新的关系。各主要经济体积极推动监管工具创新，比较有代表性的做法包括监管沙盒（Regulatory Sandbox）、创新中心（Innovation Hub）、创新加速器（Innovation Accelerator）等。**监管沙盒**由英国金融行为监管局（FCA）于2015年最早推出，面向金融创新产品或服务，由监管部门按照适度简化的准入标准和流程，允许金融科技企业在有限业务牌照下，利用真实或模拟的市场环境开展业务测试（见表2-5）。**创新中心**指监管部门设立的旨在为监管或非监管对象提供指导或支持的机制或场所。**创新加速器**指金融科技服务提供商与政府部门之间的资金或技术合作安排。

表2-5 部分国家和地区实行“监管沙盒”情况

一般信息	国家（地区）	澳大利亚	加拿大	中国香港	马来西亚	新加坡	瑞士	阿联酋	英国
	监管部门	ASIC	CSA	HKMA	BNM	MAS	FDF	ADGM	FCA
申请机构性质	持牌机构	×	√	√	√	√	√	√	√
	非持牌机构	√	√	×	√	√	√	√	√
企业申请的收益	取消或放松相关监管要求	×	√	√	√	√	×	√	√
	取消或放松金融牌照要求	√	×	×	×	×	√	×	√
	明确监管预期	×	√	×	×	×	×	×	√
消费者安全保障机制	限制测试的用户参与人数、金额及期限	√	×	√	√	√	√	√	√
	密切跟踪及随时报告	√	×	√	√	√	×	√	√
	额外的消费者保护及风险缓释措施	√	√	√	√	√	√	√	√
	明确不得放松的监管要求	√	×	×	×	√	√	×	√

资料来源：IMF工作论文《金融科技与金融业务：初步考虑》。

监管协调方面，注重一致性监管与国际合作，避免监管空白与监管套利。部分经济体积极就金融科技监管领域开展双边合作，推进数据共享和监管协调。国际组织积极推动金融科技监管领域的国际研究和标准制定，通过成立工作组，发布指导性文件或报告等形式推动监管经验共享和协同行动。

能力建设方面，注重发展合规科技与监管科技，提升监管效能。合规科技（Regtech）指金融机构或科技服务商出于监管报告和合规目的开发的金融科技应用；监管科技（Suptech）则指监管机构利用科技推进监管创新。合规科技和监管科技的进步有助于被监管对象更好地达到合规要求，也有助于监管当局更好地识别风险、化解风险，提升监管效能。目前，英格兰银行正尝试建立分布式清算系统，法国央行正在进行银行间市场区块链交易模式试点，奥地利央行探索用数据立方模式来代替传统的监管数据报送等。

五、政策建议

近年来，我国在完善金融科技监管框架方面取得一定进展。2015年7月，人民银行、工业和信息化部、公安部等10部委联合发布《关于促进互联网金融健康发展的指导意见》，同年12月，中国互联网金融协会成立。2016年4月，国务院办公厅出台《互联网金融风险专项整治工作实施方案》。2017年8月，网联清算有限公司成立，把支付宝、财付通、京东支付等第三方支付机构的网络支付业务纳入集中统一清算管理。此外，金融管理部门就第三方支付、网络借贷、股权众筹、网络保险等领域陆续出台规定。借鉴相关国际经验并结合我国实际，下一步，应积极完善监管框架，积极推进金融科技创新试点，强调功能监管，提升监管科技，在尊重市场原则、鼓励创新的同时，积极有效防控金融风险。

完善现有政策法规，改进监管框架，加强消费者保护。一是制定完善金融科技公司、互联网金融等新型金融业态的法律法规，明确经营范围、准入标准、监管规则、法律责任等。二是将互联网科技企业控股形成的互联网金融控股集团以及金融市场基础设施、金融机构第三方技术服务商纳入监管范围，适用相关监管标准，确保金融市场安全。三是研究现有金融消费者保护机制适用于互联网金融业务的有关问题，明确风险补偿机制和风险处置机制。

按照实质重于形式原则实施功能监管，坚持和落实金融牌照制度。深入识别技术创新的金融业务本质，统筹考虑机构许可和业务许可，只要从事金融业务，就应当按照业务属性，获得该行业金融监管部门的许可，未经许可不得从事存贷款、证券、保险、资产管理、支付结算、征信、金融资产交易等各类金融业务。对任何未经许可开展金融业务的，应加强查处，提高违法成本。

积极推进金融科技创新试点，规范促进金融科技健康发展。结合我国金融市场特点，鼓励金融机构或科技企业在合法合规的前提下，积极开展金融业务、产品、流程和模式创新，确保科技创新业务在提升金融服务实体经济效率的同时规范发展。

推进监管科技稳步发展，提升监管能力，加强系统性风险分析与防范。持续动态跟踪金融科技创新的业务发展及风险变化，加强对金融体系具有重大影响的金融科技机构和业务的风险监测和分析，不断提升监管效能。加强金融监管中的大数据运用，推动新技术在构建金融综合统计体系中的运用，确保系统性风险可度量、可穿透、可监控。

第三部分

宏观审慎管理

2018年，国际社会继续完善宏观审慎政策框架。我国在借鉴国际经验的基础上，不断完善宏观审慎管理框架，进一步加强金融监管协调，强化系统性风险监测评估，丰富宏观审慎政策工具，牢牢守住了不发生系统性金融风险的底线。

一、国际组织加强宏观审慎管理的进展

（一）构建稳健的金融机构

完善监管政策框架。2017年末，巴塞尔银行监管委员会（BCBS）发布《巴塞尔协议Ⅲ：危机后改革的最终方案》，标志着危机后全球银行体系的核心国际监管规则改革框架基本完成。2018年，BCBS对巴塞尔协议Ⅲ框架进行了完善，包括修订市场风险框架、应对可能存在的监管套利问题等。同时，BCBS还基于市场最新动态，着手研究制定针对市场基准利率改革、加密资产、行业逆周期资本缓冲等问题的监管方案。

评估巴塞尔协议Ⅲ框架的有效性。巴塞尔协议Ⅲ兼顾宏观审慎管理和微观审慎监管，从资本质量、流动性要求、风险加权资产计量、大额风险敞口上限、逆周期管理、信息披露等多方面入手，形成了一套全球银行业监管规则体系。在巴塞尔协议Ⅲ框架完成后，BCBS着手就其改革效果开展评估，评估分为三个层次：一是评估单项改革是否能够实现预期目标，涵盖资本、流动性、杠杆率、资产证券化等内容；二是评估不同改革间的协同性，如资本框架和流动性框架的内在一致性；三是评估改革对银行经营和宏观经济的更广泛影响。BCBS将基于评估结果确定是否有必要对框架进行调整，预计评估工作将持续到2022年。

推动执行巴塞尔协议Ⅲ。为促进各成员经济体全面一致落实巴塞尔协议要求，BCBS对各成员经济体执行巴塞尔协议Ⅲ的情况进行国别评估。目前已完成对所有成员经济体的资本框架和流动性覆盖率框架的评估，正在开展针对净稳定资金比例和大额风险敞口框架的评估工作。

（二）强化对系统重要性金融机构的监管

更新全球系统重要性银行（G-SIBs）名单。2018年11月，金融稳定理事会（FSB）公布了基于2017年末数据测算的G-SIBs名单，29家银行入选（见表3-1），数量较2017年减少一家。其中，法国大众储蓄银行新入选名单，北欧联合银行和苏格兰皇家银行被移出名单，美国银行由第3组降至第2组，中国建

设银行由第2组降至第1组。每年11月G-SIBs名单更新后，入选的G-SIBs将于14个月后的1月开始实施更高的资本要求。

表3-1　　全球系统重要性银行

组别（附加资本要求）	全球系统重要性银行
5（3.5%）	无
4（2.5%）	美国摩根大通集团
3（2.0%）	美国花旗银行
	德意志银行
	英国汇丰银行
2（1.5%）	美国银行
	中国银行
	英国巴克莱银行
	法国巴黎银行
	美国高盛集团
	中国工商银行
	三菱日联金融集团
	美国富国银行
1（1.0%）	**中国农业银行**
	纽约梅隆银行
	中国建设银行
	瑞士信贷
	法国大众储蓄银行
	法国农业信贷银行
	荷兰商业银行
	日本瑞穗实业银行
	美国摩根士丹利集团
	加拿大皇家银行
	西班牙桑坦德银行
	法国兴业银行
	渣打银行
	美国道富银行
	日本三井住友金融集团
	瑞士联合银行
	意大利联合银行

资料来源：FSB《2018年全球系统重要性银行名单》，2018年11月。

（三）推动有效处置机制建设

稳步落实总损失吸收能力（TLAC）要求。所有应于2019年1月满足TLAC要求的G-SIBs，均已达到或超过了风险加权资产16%和杠杆率分母6%的TLAC要求。据估计，过去3年中，G-SIBs每年发行的TLAC工具在3 500亿~4 000亿美元。约三分之二的G-SIBs通过其非经营性控股公司发行TLAC工具，而其他G-SIBs则采用法定或合同规定的方式发行TLAC工具。多数TLAC工具以美元（约67%）和欧元（约19%）发行，投资者主要包括资产管理公司、养老基金和保险公司。

推动《金融机构有效处置机制核心要素》实施。各行业落实《金融机构有效处置机制核心要素》（以下简称《核心要素》）的进度不一，总体而言银行业落实情况较好，保险业和中央对手方（CCPs）落实进度较为滞后。关于银行业，所有G-SIBs母国均已建立了处置策略和处置计划框架，下一步的工作重点是全面落实TLAC要求，重点落实内部TLAC要求以及确保TLAC工具在处置中能够用于机构自救。关于保险业，大部分FSB成员经济体尚未建立针对保险机构的处置框架，只有部分成员经济体建立了系统重要性保险机构评估框架并对其提出了处置计划要求，但处置工具和处置权力仍然较为缺失。保险业《核心要素》评估方法预计于2020年发布，届时各成员经济体可据此对各自保险业处置机制进行改革。关于CCPs，绝大多数成员经济体尚未建立针对CCPs的处置机制。为推动CCPs处置机制建设，FSB于2018年11月发布了《CCPs处置中的资金来源及对CCPs股权的处理》，并计划于2020年出台进一步的指导文件。

（四）持续监测影子银行体系

2019年2月，FSB基于2017年末数据发布《2018年全球非银行金融中介[①]监测报告》，涵盖了29个经济体，占全球GDP的80%以上。广义估算结果显示，2017年末全球“非银行金融中介监测规模总额”达184.3万亿美元，约占监测经济体金融资产的48.2%。狭义估算结果显示，全球影子银行规模达51.6万亿美元，相当于监测经济体金融资产的13.7%。其中，美国影子银行规模最大，占总规模的28.9%，欧元区（涵盖8个欧元区经济体）次之；我国位列第三，规模达8.2万亿美元，占总规模的16%。2017年，中国、意大利、中国香港地区等13个经济体的狭义影子银行规模增长速度超过10%，其中阿根廷、巴西、印度、印度尼西亚、土耳其5个经济体增长速度超过20%。

① 2018年10月底，FSB通过官网宣布，鉴于“影子银行”一词容易使公众产生负面解读，今后FSB将使用“非银行金融中介”这一术语代替“影子银行”。

（五）推动场外衍生品市场改革

2018年，场外衍生品市场改革稳步推进。截至2018年9月，24个FSB成员经济体中，23个经济体落实了非集中清算衍生品的更高资本要求，与上年持平；21个经济体落实了交易信息报送要求，较上年增加了2个，报送涉及的交易范围和报送信息的可获得性不断提升；18个经济体落实了集中清算要求，较上年增加了1个；16个经济体落实了非集中清算衍生品的保证金要求，较上年增加了2个；平台交易要求落实进展最为滞后，仅有13个经济体制定了相关政策框架，较上年增加1个。

（六）防范不当行为风险

2018年，FSB继续致力于防范不当行为风险。在薪酬治理层面，FSB于2018年3月发布了《稳健薪酬实践原则和标准补充指导文件》，将薪酬制度与减少不当行为联系起来，并于11月发布了《给各国监管部门的建议：使用薪酬工具防范潜在不当行为风险》，指导各国监管部门有效使用薪酬工具。在公司治理层面，FSB于2018年4月发布了《强化公司治理以防范不当行为风险：针对公司和监管部门的工具箱》，提出从完善入职调查、强化高管层职责和营造良好企业文化三个方面防范不当行为风险。

（七）其他

全球宏观审慎管理框架不断完善，绝大多数FSB成员经济体成立了专门的宏观审慎管理部门。对外部信用评级机构（CRAs）的依赖不断降低，所有FSB成员经济体均建立了针对CRAs的注册和监管机制，并不断减少在法律法规和监管标准中使用CRAs评级结果。国际会计准则理事会发布的《国际财务报告准则第9号——金融工具》于2018年1月生效，正式建立了贷款损失准备的“预期损失模型”。此外，国际社会继续推动全球法人机构识别编码（LEI）的运用，截至2018年末，共有27个经济体取得发码资格，超过134万个法人机构及自然人申请获得LEI。

二、主要国家和地区宏观审慎管理最新进展

（一）美国

系统性风险监测和评估。金融稳定监督委员会（FSOC）于2018年12月19日发布年报，认为2018年美国经济持续发展，失业短暂波动，随着美联储持续

收紧货币政策，美国利率从危机后的极低水平进一步上升。基于近年来的金融监管改革，美国金融体系更趋稳定，能够承受比2008年国际金融危机更严重的冲击，但同时也存在潜在风险，主要包括：网络攻击可能对金融机构造成严重负面影响；CCPs的风险集中度较高；为了减少对伦敦银行同业拆放利率（LIBOR）等当前主流基准利率的依赖，在采用其他基准利率代替LIBOR的过渡期内可能产生风险；大型复杂金融机构仍对金融稳定构成潜在威胁；大额短期融资市场稳定性不足；金融创新催生了部分不受监管的金融活动；金融数据质量、覆盖度、共享程度无法满足金融监管体系需求；非金融部门杠杆率处于历史较高水平；英国脱欧会对美国金融机构、跨境贸易、金融服务、金融衍生品等产生潜在影响等。

开展压力测试。2018年，美联储对35家金融机构开展了多德—弗兰克压力测试（DFAST），结果表明，在轻度情景下，美国GDP从2018年第一季度开始衰退，至2018年第二季度达到-3.5%的最大值后经济逐步企稳，至2019年第二季度恢复正增长；可支配收入水平、股价、房价均有不同程度下跌，失业率最高升至7%。在此情景下，测试机构资本充足率将下降1.4个百分点，预计总损失3 330亿美元。在重度情景下，美国GDP从2018年第一季度开始衰退，至2018年第二季度达到-8.9%的最大值后经济逐步企稳，至2019年第四季度恢复正增长；可支配收入水平、股价、房价均有更大幅度下跌，失业率最高升至10%。在此情景下，测试机构资本充足率将下降2.3~3.6个百分点，预计总损失为5 780亿美元。此外，美联储还对18家金融机构开展了综合资本分析与审查（CCAR）压力测试，结果表明，在重度情景下，测试机构的核心一级资本充足率将从12.3%下降至6.3%。

完善金融机构监管。一是限制信用风险敞口集中度。2018年6月14日，美联储出台一项规定，要求美国G-SIBs对其他美国G-SIBs或受美联储直接监管的非银行金融机构的净信用风险敞口不能超过一级资本的15%，对其他交易对手的净信用风险敞口不能超过一级资本的25%；其他并表总资产达2 500亿美元以上的银行控股公司对单一交易对手的净信用风险敞口不能超过一级资本的25%。二是放松对小型金融机构的监管。2018年7月6日，美联储发布一项关于消费者保护法的声明，将受审慎监管的银行控股公司和储蓄贷款控股公司的最低资产门槛由500亿美元提升至1 000亿美元，并将在颁布之日起18个月后进一步提高至2 500亿美元，同时豁免总资产少于1 000亿美元的银行控股公司的部分监管要求。三是改进风险计量方法。2018年4月17日，美联储发布一项资本监管规则实施与过渡说明，要求使用新的信用损失会计准则，用预期信用损失方法取代现行的信用损失会计方法，并扩大了损失准备覆盖的风险资产范围。

（二）欧盟

系统性风险监测和评估。2018年11月，欧央行发布金融稳定报告，指出受保护主义等因素影响，全球经济增速下行风险有所上升。在此背景下，欧洲面临四大潜在风险：全球金融市场风险溢价可能无序上升；债务可持续性可能恶化；银行盈利能力依旧不足；投资基金行业的流动性风险日益上升。

完善宏观审慎政策框架。2019年4月，欧洲系统性风险委员会（ESRB）发布了2018年度欧盟宏观审慎政策报告，总结了宏观审慎政策框架的发展和一系列宏观审慎政策工具的运用情况。在宏观审慎政策框架方面，西班牙于2018年成立了宏观审慎当局，至此，除意大利外的其他成员经济体均已明确了宏观审慎当局。在宏观审慎政策工具方面，许多成员经济体启用了逆周期资本缓冲（CCyB）或提高了CCyB水平，部分成员经济体启用了系统性风险缓冲（SyRB），绝大多数成员经济体均采用了偿债收入比上限等针对房地产市场的宏观审慎政策工具。

监测影子银行发展。2018年9月，ESRB发布欧盟影子银行监测报告。截至2017年末，欧盟影子银行规模[①]约为42.3万亿欧元，占整个金融业规模的39%，相当于银行业规模的82%。欧盟影子银行呈现如下特点：一是区域和行业集中度较高，较为集中在国际金融中心城市，投资基金规模约占影子银行总资产的三分之一；二是流动性风险有所上升；三是与银行业的关联性较强，为银行提供的批发性融资规模上升；四是抵押品重复使用以及衍生品和证券融资交易（SFT）的使用可能引发顺周期性和高杠杆等风险。

（三）英国

制定宏观审慎政策。金融政策委员会（FPC）认为，除英国脱欧相关风险外，其他风险处于适中水平，信贷需求比较稳定，总体信贷增速回落，住房抵押贷款增速平稳，消费贷款增速有所回落，企业信贷风险偏好较高。基于上述判断，FPC将CCyB水平维持在1%，并表明做好了根据经济发展情况进行调整的准备。如果CCyB水平被调降至0，可使英国银行业提高2 500亿英镑的放贷能力。

开展银行业压力测试。英格兰银行开展的2018年压力测试设置了较2008年国际金融危机更严重的压力情景：假设GDP下降4.7%，失业率上升至9.5%，住宅地产价格下降33%，商业地产价格下降40%，英镑汇率指数下跌27%，利

① 包括除银行、保险公司、养老基金和CCPs外的所有金融机构。

率升至4%。测试结果显示，英国银行体系仍表现了较强的稳健性，主要银行的一级资本充足率仍能达到危机前水平的两倍，能够满足资本和杠杆率监管要求，可以继续满足实体经济的信贷需求。基于压力测试结果，FPC认为即使在英国“硬脱欧”的情况下，银行业依旧可以稳健运行。

三、我国宏观审慎管理的实践

2018年，我国不断完善宏观审慎政策框架，加强金融监管协调，健全风险监测识别体系，积极采取多项宏观审慎政策措施。

（一）进一步加强政策协调

国务院金融稳定发展委员会（简称金融委）进一步发挥统筹协调作用，金融委办公室加强部门间协调配合，推动落实以下工作：一是新一届金融委成立，并扩充组织成员，加强同纪检监察、政法、宣传等有关部门的协调，统筹决策职能进一步强化。二是按照防范化解重大金融风险攻坚战的统一部署，督促推进落实控制重点领域信用风险、化解影子银行风险等措施，以有效控制宏观杠杆率，完善金融监管制度，整顿金融秩序。三是制定金融委办公室工作规则，建立新闻发言人制度，积极引导市场预期。四是协调推进有关重点工作，缓解民营和小微企业融资难融资贵；研究多渠道支持商业银行补充资本，推动启动永续债发行；维护同业市场稳定，支持中小银行健康发展；研究推动资本市场改革与发展工作。

（二）加强系统性风险监测与评估

持续做好银行业、证券业、保险业、金融市场的风险监测工作，及时预警风险，研提应对之策。组织对全国1 171家银行业金融机构进行压力测试，不断扩大压力测试范围，对金融机构进行风险提示，引导金融机构稳健经营。稳步推进央行金融机构评级工作，2018年按季度对全国4 300多家金融机构开展央行金融机构评级，科学、合理地评价金融机构经营管理水平和风险状况。定期开展上市公司大股东股票质押风险、公募基金流动性风险等证券业风险压力测试，综合运用金融市场综合压力指数监测股票、债券、货币和外汇等市场风险。积极开展保险机构稳健性现场评估和非现场监测，重点关注公司治理、保险资金运用、流动性管理等方面问题。继续开展大型有问题企业风险监测，及时处理重大风险事件，加强对宏观经济形势、区域金融风险及特定行业趋势的研判。

（三）不断完善宏观审慎政策

完善金融机构评价体系。2018年，人民银行继续发挥好宏观审慎评估（MPA）的引导作用。合理调整有关政策参数，增强金融机构服务实体经济的能力。增设民营企业融资考核指标，专项考察金融机构支持民营企业有关情况，提高小微企业贷款考核权重，鼓励金融机构将更多信贷资源投向国家重点领域和薄弱环节。

动态调节跨境资本流动宏观审慎政策。2018年5月，人民银行将港澳人民币业务清算行存放人民银行清算账户的人民币存款准备金率降为零，促使逆周期调控措施逐步回归中性，强化外汇市场价格发现功能，增强市场流动性。2018年8月，为防范宏观金融风险，促进金融机构稳健经营，人民银行将远期售汇业务的外汇风险准备金率从0调整为20%。

统一资产管理业务监管标准。2018年4月，《关于规范金融机构资产管理业务的指导意见》正式发布，按照资管产品的类型制定统一的监管标准，减少监管套利空间。此后，相关部门持续完善资管业务标准规制。一是人民银行于7月发布《关于进一步明确规范金融机构资产管理业务指导意见有关事项的通知》，就过渡期内有关具体的操作性问题进行明确。二是监管部门分别出台行业细则。银保监会出台《商业银行理财业务监督管理办法》和《商业银行理财子公司管理办法》，引导理财业务审慎展业、回归本源，推动银行设立理财子公司，强化风险隔离；下发《信托部关于加强规范资产管理业务过渡期内信托监管工作的通知》，加强过渡期内信托监管工作；证监会出台《证券期货经营机构私募资产管理业务管理办法》和《证券期货经营机构私募资产管理计划运作管理规定》，规范投资运作，强化流动性管理要求，提高业务合规水平。

加强非金融企业投资金融机构监管。人民银行会同相关部门于2018年4月发布《关于加强非金融企业投资金融机构监管的指导意见》，相关监管部门修订了《商业银行股权管理暂行办法》《保险公司股权管理办法》，推出了《证券公司股权管理规定（征求意见稿）》。人民银行及相关部门共同推动指导意见的落实，并取得积极成效，非金融企业投资金融机构行为明显规范，一些金融控股集团野蛮扩张的行为有所收敛。

完善系统重要性金融机构监管。2018年11月，人民银行、银保监会、证监会联合发布《关于完善系统重要性金融机构监管的指导意见》（以下简称《指导意见》），对我国系统重要性金融机构评估、监管和处置机制建设作出了规定，标志着我国系统重要性金融机构监管框架的初步建立。《指导意见》属于一个宏观政策框架，更多的监管要求和操作细节将在未来的实施细则中加以明确。《指导意见》发布后，人民银行会同相关部门，抓紧开展相关配套政策的制定工作，拟逐步出台银行业、证券业、保险业系统重要性金融机构的评估方法和附加监管要求。

研究制定金融控股公司监管规则。人民银行于2019年7月26日就《金融控股公司监督管理试行办法（征求意见稿）》向社会公开征求意见。该试行办法遵循宏观审慎管理理念，以并表监管为基础，对金融控股公司的资本、行为及风险进行了全面、持续、穿透监管，推动金融控股公司规范发展，有效防控金融风险，更好地服务实体经济。

继续推进金融业综合统计工作。2018年3月国务院办公厅发布《关于全面推进金融业综合统计工作的意见》以来，人民银行与相关部门共同努力，重点工作取得进展。一是建成全行业统一的资管产品统计，实现资管产品统计的“全覆盖”，有助于全面摸清资管产品的总量和结构，监测资管产品之间的嵌套关系，判断资管产品期限错配、净值化程度、杠杆率水平等情况。二是针对国民经济重点领域和薄弱环节的金融服务强化专项统计，建立精准扶贫贷款统计和绿色贷款统计标准，开展普惠贷款、“两权”抵押贷款等一系列专项统计。

专题十一　央行金融机构评级结果分析

为落实宏观审慎管理和系统性风险防范职责，科学、合理评价金融机构经营管理水平和风险状况，人民银行在总结前期探索经验的基础上进一步有效整合资源，2018年开展了央行金融机构评级工作。

一、央行金融机构评级开展情况

2018年，人民银行按季度开展央行金融机构评级工作，评级对象包括开发性银行、政策性银行、商业银行、村镇银行、农村合作银行、农村信用合作社等银行金融机构及企业集团财务公司、金融租赁公司、汽车金融公司、消费金融公司等非银行金融机构。评级指标体系采用“数理模型+专业评价”的模式，重点关注公司治理、内部控制、资本管理、资产质量、市场风险、流动性、盈利能力、信息系统、金融生态环境等九大方面。除数理模型和专业评价外，最终评级还充分考虑了非现场监测、压力测试、现场核查中发现的“活情况”。评级等级划分为11级，分别为1~10级和D级，级别越高表示机构的风险越大，已倒闭、被接管或撤销的机构为D级，其中评级结果为8~10级和D级的金融机构被列为高风险机构。

二、央行金融机构评级结果分析

2018年四季度的央行金融机构评级覆盖了4 379家银行业金融机构，包括24家大型银行、4 355家中小机构（含3 990家中小银行和365家非银行机构）。24家大型银行中，评级结果为1级的1家，2级的11家，3级的7家，4级的3家，6级的1家，7级的1家。4 355家中小机构中，评级结果为1~3级的370家，占比8.5%；4~7级的3 398家，占比78%；8~10级的586家，D级的1家，占比13.5%（见图3-1），主要集中在农村中小金融机构。

从机构类型看，外资法人银行和民营银行的评级结果较好，分别有35.7%和22.2%的银行分布于1~3级；村镇银行、城市商业银行、农村商业银行结果次之，分别有88.9%、75.6%、73.2%的机构分布于4~7级；农村信用社和农村合作银行的结果较差，分别有43.3%和32.7%的机构分布于8~10级。从地区看，厦门、深圳、上海、浙江、福建、青岛、江苏、北京等地区，评级为2~5级的占比超过70%。

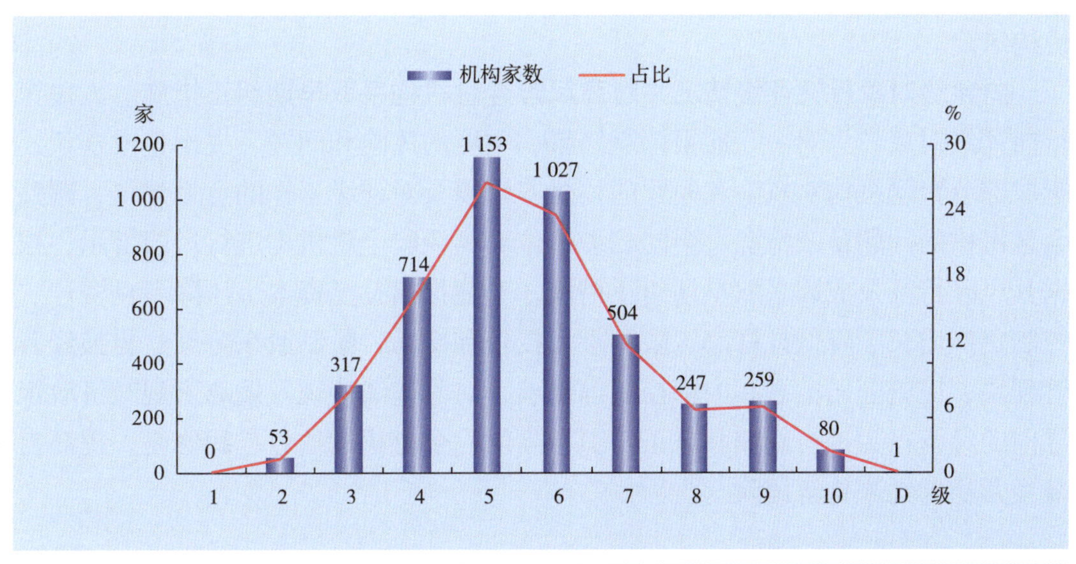

数据来源：中国人民银行。

图3-1　中小机构评级结果分布情况

总体看，我国中小金融机构整体经营稳健，且近年来通过早期纠正措施，已有164家机构评级结果改善，退出高风险机构名单。部分中小金融机构评级结果较差，客观上一方面是由于当前我国经济增速总体上有所放缓，而中小金融机构对宏观经济的变化较为敏感，因此受到一定冲击；另一方面可能部分体现了银行风险管理要求的强化，银行业金融机构不良资产分类更加审慎，拨备计提力度加大，从而可能导致一些监管指标有所下降，进而影响评级得分。

三、央行金融机构评级结果运用

央行金融机构评级是人民银行开展宏观审慎管理和防范化解系统性风险等工作的基础，评级结果是开展宏观审慎评估、核准金融机构发债、发放再贷款和核定存款保险差别费率等差别化管理的重要依据。2018年，央行金融机构评级结果在多个方面运用，在风险化解和处置中发挥重要作用。

定期向有关方面通报高风险金融机构情况。人民银行定期向地方政府发送风险提示函，提示其高度关注辖内高风险金融机构的运行情况，根据高风险金融机构的形成原因分类施策，精准拆弹，推动地方政府落实风险化解和处置的属地责任，维护当地良好金融生态环境。人民银行也向相关监管部门通报了高风险机构情况，请监管部门落实风险化解与处置的监管责任，在风险化解与处置中，各方要明确责任，做好分工协作，形成合力，推动妥善化解高风险金融机构风险。

向评级对象反馈评级情况并对高风险金融机构采取早期纠正措施。人民银行向评级对象"一对一"通报评级结果、主要的风险和问题，提出整改建议，听取部分金融机构对风险和问题的整改安排以及对评级工作的意见建议，跟踪金融机构的问题整改情况。会同相关单位对高风险金融机构进行风险警示，根据其风险特征及成因采取早期纠正措施，对症提出补充资本、压降不良资产、控制资产增长、降低杠杆率、限制重大授信和交易、限制股东分红、更换经营管理层、完善公司治理和内部控制等要求，对其违法违规及偏离宏观经济政策导向的经营行为进行纠偏和矫正。引导高风险金融机构通过自我修复，提高自身经营稳健性来化解风险。

专题十二　农村信用合作机构发展现状和改革思路

农村信用合作机构（以下简称农合机构，包括农村商业银行、农村合作银行和农村信用社）是实施乡村振兴战略和发展普惠金融的主力军，也是新时代做好“三农”工作的重要抓手。但当前部分农合机构存在偏离主业、公司治理薄弱、历史包袱较重等问题，亟待通过改革处置和化解风险，更好地坚持服务县域、支农支小的市场定位。

一、农合机构改革历程

20世纪90年代，国有商业银行在商业化改革后纷纷撤回县域分支机构，农信社成为服务“三农”的主力军，但因经营机制和内控制度不健全，大部分农信社已资不抵债，基本生存难以维持，改革势在必行。2003年6月，国务院下发《关于印发深化农村信用社改革试点方案的通知》，决定在江苏等8个省（市）实施农信社改革试点，将农信社的管理交由省政府负责，并由省政府全面承担农信社风险处置责任，银监会履行农信社金融监管职能。2003年9月，银监会印发《农村信用社省（自治区、直辖市）联合社管理暂行规定》，对省联社履职行为进行规范。省联社在推动农信社改革、改进内控机制等方面发挥了积极作用。2004年8月，国务院决定将深化农信社改革试点扩大至另外21个省（自治区、直辖市）。2010年以来，银监会连续发布文件，稳步推进农信社股份制改革，成熟一家改制一家。2016—2018年，中央一号文件先后提出“开展省联社改革试点”“抓紧研究制订省联社改革方案”“推动农村信用社省联社改革”。2019年2月，人民银行等五部委联合发布《关于金融服务乡村振兴的指导意见》，提出农合机构要坚持服务县域、支农支小的市场定位，保持县域农村金融机构法人地位和数量总体稳定，积极探索农信社改革路径。

目前全国农合机构基本形成了三种管理模式：一是省联社模式。各县级联社作为独立法人，共同出资成立省联社，省联社不是经营实体，但具有行政功能，代理省政府对农信社进行管理、指导、协调和服务，目前全国多数地区采用此模式。二是统一法人模式。北京、上海、天津[①]、重庆四个直辖市组建了

① 天津市组建了天津农商行和天津滨海农商行两家机构。

全市统一的农村商业银行。三是金融持股公司模式。宁夏黄河农商行在原宁夏回族自治区联社和银川市联社合并的基础上，吸收国内若干家法人单位和自然人方式组建，以资本为纽带对全区各县市联社实现统一管理。

二、农合机构发展现状及存在问题

经过多年的改革发展，农合机构的资产规模、资产质量和盈利能力都得到了显著的提高。截至2018年末，全国农合机构2 239家（其中农商行1 397家、农合行30家、农信社812家），机构数量占银行业金融机构的48.8%；资产总额33万亿元，同比增长5.21%，占银行业金融机构的13.6%；负债总额30.5万亿元，同比增长4.73%，各项贷款余额16.7万亿元，同比增长13.13%；不良贷款余额8 304.8亿元，不良贷款率4.97%，资本充足率12.3%，2018年累计实现净利润2 508亿元。

农合机构虽取得了长足的发展，但存在的问题仍然值得高度关注。一是存在“离乡进城”现象，偏离主业。2010年以来，全国农信社通过合并重组等多种方式改制，机构数量大幅减少，2018年末较2010年末减少715家，降幅近25%。但同时，地市级法人农合机构数量增长迅速，截至2018年末，全国地市级统一法人农合机构23家，地市级城区法人农合机构437家，共占全部农合机构的21%。由于远离县域市场，部分农合机构偏离主业，无法充分发挥自身支农、支小的功能优势。二是公司治理薄弱，缺乏制衡机制。实践中，部分省联社存在行政管理色彩较浓、风险处置权责不对等的问题，服务职能不足。一些农合机构虽建立起现代公司治理结构，但普遍存在“三会”形同虚设、决策流于形式、“一长独大”现象，监事会、独立董事无法发挥有效监督制衡作用。在农合机构改制过程中，个别股东入股的目的就是套取资金。在大股东控制下，股东及关联方通过违规开展同业投资、关联交易等手段套取农合机构资金，使农合机构沦为大股东的“提款机”。三是改制并未解决沉重历史包袱。部分农信社改制前背有巨额亏损挂账，资本严重不足，拨备缺口大，历史包袱沉重。在改制过程中部分农信社通过人为调整贷款五级分类、借新还旧、重组不良贷款、虚假转让或处置等手段长期隐匿不良资产。四是已改制的部分农合机构面临新的挑战和风险。改制后的地市级农合机构在市场竞争中直面大型银行分支机构和城商行，获取优质客户的难度较大，部分农合机构为了快速扩张，将大量信贷资金投向高风险企业或大量开展同业业务，潜在风险较大。

三、农合机构改革思路

保持县级法人地位和作用的基本稳定。农信社作为中小金融机构应注重业务本地化，下沉服务重心，不宜搞业务多元化和跨区域经营。2017年全国金融工作会议要求金融机构加快转变经营模式，做优主业，做精专业。聚焦“三农”，保持基层农信社县域法人地位总体稳定，是中央多年来坚持的发展战略，适应农业现代化和农村经济结构调整对金融部门的需求，符合农信社的长期利益和服务“三农”实际。

完善公司治理，按市场化原则培育合格股东。遵循市场化原则，把培育合格股东及相应机制作为完善农信社治理的“牛鼻子”，打破行政管理不断强化和公司治理不断弱化这一怪圈。一方面要对股东进行适当的资格管理，提升资本质量，优化股权结构，避免行政强制改为农村商业银行、强制入股、名股实债甚至贷款入股等错误做法。另一方面，要完善公司治理，明确“三会一层”的合理分工，把董（理）事会职能真正落实到制定农合机构发展战略、风险策略、治理制度及其监督上去，切实维护小股东权益，注重发挥外部董（理）事和监事作用，提高信息披露有效性。

加强股东和关联方行为监管。监管部门应加强对农合机构股东和关联方风险摸底和排查，深入调查潜在风险隐患，及时矫正和纠偏风险，并督促整改落实。一方面要加强对股东资质的审查，定期对主要股东履行承诺事项等进行评估，定期开展股东股权排查整治，探索不合格股东退出机制，坚决纠正虚假股权和贷款入股等问题。另一方面，持续关注股东与内部人的关联交易，严防内外勾结套取银行资金的行为。规范股东股权质押行为，严密防范利用股权质押，隐匿关联交易、变相抽逃资本、输送不正当利益等违法违规行为。

落实风险处置责任，及时化解存量风险。压实高风险农合机构自救主体责任，牢固树立合规经营理念，积极开展自救。省级人民政府要落实风险处置属地责任，牵头对辖内高风险农合机构逐家制订风险处置方案，并组织实施。存款保险基金要充分发挥风险化解和处置平台作用，通过早期纠正、改革重组、收购承接和市场化退出等方式有序化解风险。

深化省联社改革，提升服务水平。坚持市场化、法治化、企业化改革方向，科学界定服务功能和业务范围，合理优化调整管理事项，制定依法管理履职清单，明确职责边界。无论采取何种省联社改革模式，省级人民政府都要建立服务县域经济、小法人分类治理、机构风险处置、行业服务以及监督约束等机制安排，并明确承担部门和责任。

专题十三　资管新规实施效果评估

2018年4月，人民银行会同银保监会、证监会、外汇局联合发布《关于规范金融机构资产管理业务的指导意见》（以下简称资管新规）。资管新规发布以来，人民银行会同相关部门不断完善资管业务标准规制，全力以赴防范化解影子银行风险。总体来看，影子银行风险高位释放，资管行业乱象得到初步治理，资管业务转型升级实现了良好开局。

一、资管行业监管框架日趋完善

人民银行持续完善资管业务标准规制。一是适时发布补充通知，明确过渡期内的操作细节。2018年7月，发布《关于进一步明确规范金融机构资产管理业务指导意见有关事项的通知》，明确公募产品可以投资非标准化债权类资产（以下简称非标），过渡期内可发行老产品投资新资产等，引导金融机构有序进行业务整改，稳定市场预期。二是建立并运行资管产品统计体系。印发金融机构资管产品统计制度和统计模板，2019年1月正式进行模板数据统计，范围全面覆盖银行、证券、保险业金融机构。三是补齐制度短板。研究起草标准化债权类资产认定规则，细化标准化债权类资产认定。在宏观审慎评估考核时合理调整有关参数，支持非标回表。

金融监管部门制定完善行业细则。一是出台《商业银行理财业务监督管理办法》，在强化风险隔离、控制期限错配、禁止资金池业务、限制嵌套投资、规范委外业务、控制杠杆和集中度风险等方面提出具体监管要求，推动银行理财回归资管业务本源。二是出台《商业银行理财子公司管理办法》，推动银行设立理财子公司开展资管业务，强化风险隔离。三是加强过渡期内信托监管工作，明确过渡期内允许老资金信托投资新资产等要求。四是出台《证券期货经营机构私募资产管理业务管理办法》，完善产品分类，规范投资运作，强化流动性管理要求，提高合规水平。

二、影子银行治理效果初显

在金融管理部门的努力下，资管业务向本源回归，风险逐步收敛。一是多层嵌套和通道业务收缩，资金空转、以钱炒钱等行为得到遏制。截至2019年3月末，投向其他类型资管产品的银行理财产品为10.7万亿元[①]，较资管新规发布前（2018年4月末，下同）下降17.1%。二是产品净值化转型加速。截至2019年3月末，净值型资管产品38.8万亿元，较2018年末增长10.2%。三是非标投资稳中有降。截至2019年3月末，全部资管产品投向贷款、资产收益权等非标的规模为18.5万亿元，占资管产品净资产的23.3%，较2018年末下降0.2个百分点。四是服务实体经济能力呈现恢复性增长。截至2019年3月末，资管产品投向实体经济的资金为37.9万亿元，占资管产品总资产的43.9%，较2018年末增加1.6个百分点。

三、各行业资管业务有序转型

截至2019年3月末，金融机构存续资管产品共13万只，募集资金余额79.3万亿元。

银行理财产品稳中有降，结构持续优化。截至2019年3月末，银行理财产品余额21.4万亿元，较资管新规发布前减少1.4万亿元，下降6.1%[②]（见图3-2）。从产品结构来看：一是短期封闭式理财产品逐步出清，90天以内封闭式理财产品余额5 749.1亿元，较资管新规发布前下降59.2%[③]；二是老产品持续收缩，预期收益型理财产品余额14.6万亿元，占比68.2%，较资管新规发布前下降18.6个百分点。

信托公司资管产品下降，净值化水平提升。截至2019年3月末，信托公司资金信托余额19.0万亿元，较资管新规发布前减少2.4万亿元，下降11.2%[④]（见图3-2）。信托公司净值型资管产品余额较2018年末增长8.0%，占比增加1.2个百分点。

公募基金持续增长，不合规产品逐步整改。由于采取净值化运作，信息披露较规范，公募基金余额有所增长。截至2019年3月末，公募基金余额13.9万亿元，较资管新规发布前增长7.8%[⑤]（见图3-2）。同时，公募分级基金和保本基金正在逐步转型为其他类型基金，或按照基金合同和有关法规，通过提前

---

① 本专题数据如无特殊说明，均来自中国人民银行，相关数据为初步统计数据。

② 数据来源：中国银保监会。

③ 数据来源：中国银保监会。

④ 数据来源：中国银保监会。

⑤ 数据来源：中国证券投资基金业协会。

清盘等方式进行整改。

证券期货经营机构私募资管产品持续下降。由于通道业务占比较高，证券期货经营机构私募资管产品余额显著下降，截至2019年3月末，产品余额21.1万亿元，较资管新规发布前下降21.7%[①]（见图3–2）。根据证监会已出台的相关操作指引，投资者人数不受200人限制的集合资产管理计划将逐步转变为公募基金或私募资管计划。

保险资管产品基本稳定，非标投资规模下降。截至2019年3月末，保险资管产品余额2.6万亿元，与资管新规发布前基本持平（见图3–2）。保险资管产品整改主要涉及配置部分非标的组合类产品，截至2019年3月末，组合类产品投资非标规模1 227.0亿元，较资管新规发布前下降41.6%[②]。

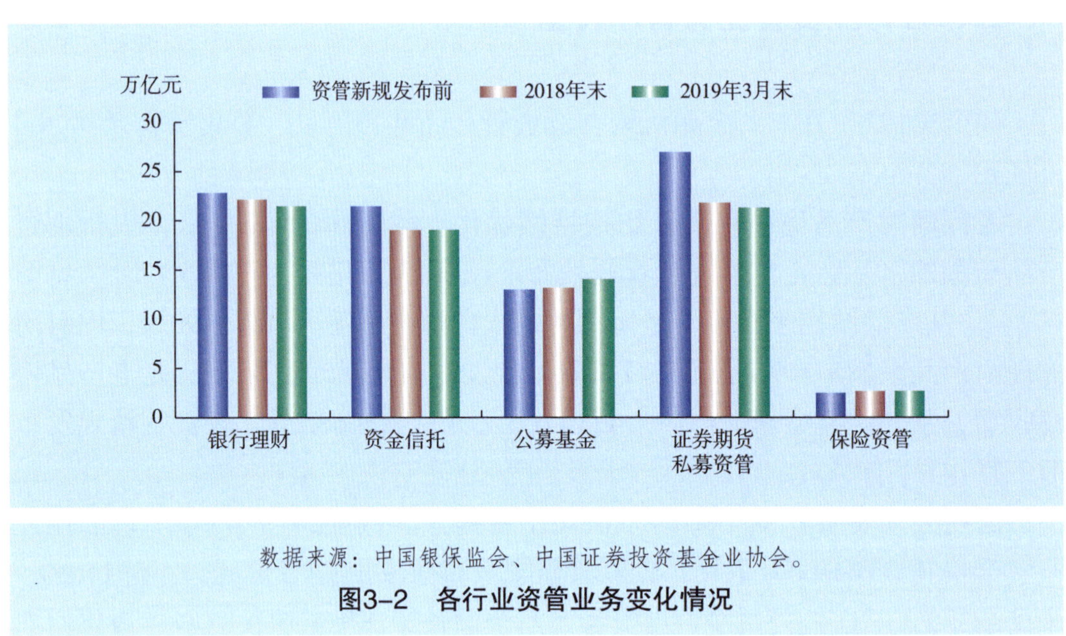

数据来源：中国银保监会、中国证券投资基金业协会。

图3–2 各行业资管业务变化情况

四、积极稳妥实施资管新规，深化资管行业改革

下一步，人民银行将继续认真落实党中央、国务院的决策部署，把握好防风险的时机节奏，加强监管协调，积极稳妥实施资管新规。坚守风险底线，保持战略定力，完善配套制度，坚持审慎包容监管，以对外开放为契机，推动资

① 数据来源：中国证券投资基金业协会。

② 数据来源：中国银保监会。

管行业高质量发展，切实服务实体经济。

完善配套制度，补齐监管短板。加快出台标准化债权类资产认定规则，明确界定标准化债权类资产与非标资产，建立非标转标机制。持续推动资管新规配套细则制定出台，补齐监管短板。推动解决各类资管产品在账户开立、产权登记、税收政策等方面的平等待遇问题，减少同类资管产品监管差异。

坚守风险底线，坚持审慎包容监管。继续加强预期引导，明确资管新规基本方向不动摇，在坚守风险底线，坚决纠正各种违法违规行为的同时，尊重行业发展客观规律，持续优化监管规则和监管方式，推动资管行业健康有序发展。

推动稳健经营，加强真实风险管理。引导金融机构坚守业务本源，强化稳健经营，以追求发展质量代替追求发展速度。推动金融机构做好真实风险管理，承担好资管产品管理人的职责，充分了解客户偏好和资产风险，求真务实根据风险实质进行风险定价。

发展直接融资，服务实体经济。着力培育长期投资者和合格投资者，充分发挥资管产品直接融资功能，改变过去大量的类信贷业务模式，引导资管产品通过股权投资方式服务实体经济，为实体企业特别是民营企业补充长期真实的资本。

扩大对外开放，促进行业转型。不断完善政策措施，增强开放条件下的经济金融管理和防风险能力。推进我国资管行业对外开放，借鉴外资资管机构经验，取长补短，提高资产管理水平，更好地服务于我国经济社会发展，服务于资本市场改革。

专题十四　非银行支付机构实施备付金集中存管

根据国务院互联网金融风险专项整治工作部署，人民银行于2017年1月制定了非银行支付机构（以下简称支付机构）“断直连”和备付金集中存管制度，并在两年内稳步实施。上述制度推动支付机构逐步回归小额、快捷、便民的本源，促使整个行业向业务创新、技术创新和服务创新的方向转型发展。其中，备付金集中存管制度是推动支付行业回归支付服务本源的必然要求，有助于切实保障消费者权益，防范化解金融风险。

一、备付金集中存管制度出台背景

2010年，人民银行发布《非金融机构支付服务管理办法》，对非金融机构开展支付业务实施许可管理。自此，我国非银行支付服务行业进入了一个高速增长、持续创新的阶段，尤其是以移动支付、网络支付、条码支付等为代表的新兴支付方式和支付技术蓬勃发展，在全球范围内产生了广泛影响。

保障客户备付金安全一直是人民银行支付机构监管工作的重中之重。2013年6月，人民银行发布《支付机构客户备付金存管办法》，对客户备付金存放、归集、使用、划转等存管活动做了严格规定，明确了备付金存管银行的监督责任。但随着市场快速发展，作为支付机构预收客户待付货币资金的客户备付金规模不断扩大，支付机构违规经营、挪用占用备付金等行为不断发生，相关风险逐步暴露。一是部分支付机构违规挪用客户备付金，甚至为网络赌博等违法活动提供通道，损害消费者合法权益。二是许多支付机构追求以扩大客户备付金规模赚取利息收入，不断偏离支付服务主业，创新动力不足。三是部分支付机构以备付金存款为条件在银行间进行价格谈判，利用利息收入开展交叉补贴，一定程度上造成支付服务市场的无序和混乱，破坏了公平竞争的市场环境。四是部分支付机构通过多头开立账户，利用客户备付金在上百家商业银行间办理跨行资金清算，变相行使清算组织甚至央行的跨行清算职能，推高了信用风险，不利于货币政策传导和宏观审慎管理。

为切实推动支付产业健康可持续发展，坚决守住不发生系统性风险的底线，2016年4月，国务院办公厅印发《互联网金融风险专项整治工作实施方案》，明确支付机构客户备付金应存放在人民银行或符合要求的商业银行，支付机构不得连接多家银行系统，变相开展跨行清算业务，支付机构开展跨行支付业务应通过人民银行跨行清算系统或者具有合法资质的清算机构进行。2017年1月，经国务院批准，人民银行印发《关于实施支付机构客户备付金集中存管有关事项的通知》，建立了支付机构客户备付金集中存管制度。

二、备付金集中存管制度的实施情况

人民银行综合考虑支付机构客户备付金的存放情况、支付机构的业务开展模式、网联清算平台的建设进度等因素，为避免引发市场振荡，确定了分步实施集中存管的工作思路。2017年4月17日，开展备付金首次交存人民银行工作，交存比例为平均20%。2017年12月，人民银行印发《关于调整支付机构客户备付金集中交存比例的通知》，将交存比例提高至平均50%，从2018年2月至4月分步完成。2018年6月，人民银行发布《关于支付机构客户备付金全部集中交存有关事宜的通知》，自2018年7月起逐月提高交存比例，至2019年1月实现客户备付金100%集中交存。

两年来，人民银行协调238家支付机构、513家银行业金融机构、网联清算有限公司和中国银联股份有限公司等形成合力，稳步推进备付金集中存管政策落地：一是支持支付机构依托网联清算平台或银行卡跨行转账系统开展跨银行支付业务，顺畅集中存管业务流程；二是密切关注市场影响，逐步提高交存比例，灵活开展公开市场操作，对冲集中交存对流动性的影响。在各方密切配合下，人民银行按计划圆满完成备付金集中存管工作。

三、备付金集中存管制度实施效果

自客户备付金集中存管政策和相关措施实施以来，商业银行和支付机构普遍积极配合，部分支付机构甚至提前数月完成工作。在分步实施策略的推动下，支付机构不断推进业务转型，加大创新力度，提升服务水平，支付产业呈现更为健康平稳的发展态势。

支付服务市场平稳发展，业务持续增长。支付机构业务保持快速增长态势，客户备付金集中存管政策未对市场发展造成冲击。2018年，支付机构业务规模达5 890.01亿笔、243.84万亿元，同比分别增长84.46%、43.91%。

有效防范备付金挪用风险，重塑支付清算市场秩序。备付金集中存放并通过清算机构实时监测资金动向，改变备付金分散存放和多头管理的状况，简化了交易链路，提高了交易透明度，有效遏制了备付金挪用风险。同时，也为一些重点经济案件提供了侦破线索，也为健全反洗钱和反恐怖融资监测机制发挥了重要基础作用。

促进支付机构提升创新能力，加速转型升级。有效推动支付机构摒弃“吃利差”盈利模式，向业务创新、技术创新和客户服务创新方向转型发展，逐渐进入良性可持续发展模式。如技术能力较强的大型支付机构通过应用近场通信（NFC）、生物识别和人工智能等新技术，推动闪付、卡码合一等新业务，不断寻找新的盈利点。部分支付机构积极拓展新业务场景，在跨境支付领域提升服务水平，便利跨境电商进出口业务，更好地服务于实体经济。

维护市场公平竞争环境，促进市场健康持续发展。通过备付金集中存管并提供统一、公共的资金清算服务，显著降低机构间互联互通成本，遏制了部分支付机构通过备付金存款压低通道费率、利用备付金利息进行交叉补贴等不公平竞争行为，使中小机构赢得了更多业务，成本更低，实现了互联互通、公平竞争。

下一步，人民银行将秉承“支付为民”理念，风险整治与制度建设并举，不断加强和改进监管工作，营造公平竞争环境，引导支付机构回归小额、便民本源。一是夯实制度基础，抓紧修订《非银行支付机构客户备付金存管办法》，适应备付金集中存管后的市场发展需要。同时，加快推进出台《非银行支付机构条例》，按照业务实质完善监管框架，避免监管真空和套利，引导市场主体将更多力量投入加强创新和改进服务。二是稳步推进支付机构风险专项整治工作，探索建立支付机构全生命周期监管框架，指导清算机构、备付金银行做好备付金监测工作，充分利用大数据技术，建立健全备付金事前、事中、事后监管机制，完善备付金信息核对校验机制，坚决守住备付金安全底线。

专题十五　健全金融安全网　有效防范化解金融风险

金融安全网是金融体系中一系列危机防范和管理制度安排的统称，其目的是保持金融体系稳健有序运行，防止个体风险向其他金融机构和整个金融体系扩散、蔓延，通常包括审慎的金融监管、存款保险及各类投资者保护制度、中央银行的“最后贷款人”职能三大支柱。从我国金融机构市场退出现状和金融业未来发展趋势看，抓紧健全完善金融安全网相关制度安排，有利于及时、有效防范和化解金融风险，维护金融体系平稳健康运行。

一、我国金融安全网的发展历程

20世纪90年代以来，历次金融危机的爆发使各国政府高度重视金融安全网的政策框架和功能发挥，2008年国际金融危机促使国际社会就金融安全网相关制度安排进一步形成共识。一是审慎的金融监管作为安全网的第一道防线，属于事前防范措施，监管部门通过对金融机构实施审慎的现场及非现场监管，及时掌握风险并依法采取监管措施。二是存款保险及各类投资者保护制度作为第二道防线，旨在对问题机构风险处置进行资金支持，以保护存款人及各类投资者合法权益，防止金融恐慌，并促使无法恢复正常经营的高风险机构有序退出金融市场。三是中央银行履行“最后贷款人”职能作为第三道防线，通过及时扩张资产负债表，向金融机构和金融市场提供流动性，防范和化解系统性金融风险，提振市场信心，降低金融危机对实体经济的冲击，维护经济金融体系稳定。

从我国情况来看，2003年以来，随着金融领域市场化改革和对外开放的不断深入，金融风险防范和处置面临的挑战明显增多，建立健全金融安全网的相关工作进一步加快。金融管理部门持续完善审慎金融监管体系，着力提升金融监管有效性，推动建立存款保险及各类投资者保护制度，不断健全完善中央银行“最后贷款人”职能，金融安全网在维护金融稳定方面的作用逐步增强。

（一）审慎的金融监管

1992年之前，我国金融行业由人民银行统一监管。1992年，国务院证券委和证监会成立，承担从人民银行分离出来的部分证券期货市场监管职责。1998

年，按照第一次全国金融工作会议部署，国务院证券委被撤销，由证监会统一负责监督管理证券、基金和期货机构以及全国证券期货市场。同年，保监会成立，统一负责监督管理保险机构和全国保险市场。2003年，按照第二次全国金融工作会议的部署，银监会成立，行使原由人民银行履行的对银行机构、金融资产管理公司、信托公司和其他存款类金融机构的监督管理职责。至此，我国金融分业监管体制形成。

在分业监管体制下，各行业金融监管部门不断创新监管手段和工具，全面落实相关国际标准与准则要求。**银行业方面，**全面实施巴塞尔Ⅲ协议框架，明确资本、流动性、资产质量、大额风险暴露、关联交易等方面的审慎性监管标准，建立公司治理、风险管理和内部控制等方面的监管制度。**证券业方面，**建立了以净资本为核心的证券公司风险监控指标体系与风险监管制度，并在全行业实施客户交易结算资金第三方存管制度，加强对中小投资者权益的保护。**保险业方面，**实施风险导向的偿付能力监管制度，搭建偿付能力监管、公司治理监管和市场行为监管“三支柱”的保险监管框架。

近年来，随着金融业综合经营快速发展，跨行业、跨市场金融产品不断增多，金融体系的复杂性日益增加，监管套利现象突出。在此背景下，按照2017年全国金融工作会议的部署，金融委成立，负责统筹协调金融稳定和改革发展重大问题；2018年，银监会和保监会合并为银保监会，统筹监管银行业、保险业；将银监会、保监会拟定银行业、保险业重要法律法规草案和审慎监管基本制度的职责划入人民银行，强化人民银行宏观审慎管理和系统性风险防范职责。

（二）存款保险及各类投资者保护制度

自20世纪90年代起，我国逐步探索建立各行业投资者保护制度。1995年，《中华人民共和国保险法》首次对保险保障基金进行原则性规定，2004年保监会发布《保险保障基金管理办法》，建立了“集中管理，统筹使用”的保险保障基金管理制度。2005年，在总结吸收证券公司风险处置经验和教训的基础上，证监会、财政部、人民银行发布《证券投资者保护基金管理办法》，建立了证券投资者保护基金。2014年，随着信托业的迅猛发展，为有效防范风险，银监会、财政部发布《信托业保障基金管理办法》，建立了信托业保障基金。

银行业在我国金融体系中占据主体地位，存款保险制度是金融安全网的关键一环。建立存款保险制度，切实加强和完善对存款人的保护，明确在银行机构经营失败时的损失分摊和风险处置机制，有利于及时防范和化解金融风险，维护金融体系稳定。党中央、国务院高度重视存款保险制度建设。1993年，国务院《关于金融体制改革的决定》提出要建立存款保险基金，保障社会公众利益。2013年，党的十八届三中全会提出，建立存款保险制度，完善金融机构市场化退出机制。2015年5月1日，《存款保险条例》施行，存款保险制度正式建立。存款保险制度全面覆盖所有吸收存款的银行业金融机构，实行50万元最高偿付限额和基于风险的差别费率制度，存款保险基金主要由投保机构交纳的保费组成，存款保险依法履行必要的早期纠正和风险处置职责。为确保制度平稳起步和稳健运行，存款保险基金的管理工作由人民银行承担，负责保费归集、履行赔付、必要的早期纠正措施和风险处置等。

从实践看，我国存款保险及各类投资者保护制度已开始发挥金融风险“灭火器”作用。存款保险基金管理机构使用存款保险基金以收购大额债权的方式处置包商银行风险，及时发挥其市场化风险处置平台作用，对个人储蓄存款进行全额保障，对大额对公和同业债权实施部分收购，及时稳定了公众预期，避免了挤兑。在维护客户合法利益的同时，也约束了追求不合理高收益的冒险行为，实现了防范系统性风险和防范道德风险的有机统一。保险保障基金通过及时注资安邦保险集团，设立大家保险集团受让安邦保险集团有关保险业务的方式，最大限度地维护了保险投资者的利益。信托业保障基金成立以来，通过流动性支持的方式向信托公司提供了逾100亿元风险缓释资金，及时化解了相关信托公司的流动性风险。证券投资者保护制度和客户证券交易结算资金第三方存管制度的建立，为证券行业良好运行打下了坚实基础。

（三）中央银行“最后贷款人”职能

中央银行“最后贷款人”职能，是指中央银行出于防范系统性风险的考虑，向金融机构提供流动性支持。一般来说，不具有系统性影响的金融机构风险，由存款保险基金和各行业保障基金直接提供流动性支持或实施处置即可，对有系统性影响、财务状况基本健康、正常运营、后续可收回处置成本的金融机构，在压实金融机构、地方政府、金融监管部门责任的基础上，中央银行在必要时提供流动性支持。对可能引发系统性风险，但严重资不抵债、无法持续运营的金融机构，通常由政府财政部门采取相应措施予以处置。对于能采取控制措施避免引发系统性风险的金融机构，还应允许甚至推动其市场出清，以减少公共资金处置成本，严肃市场纪律。

在实践中，特别是存款保险及各类投资者保护制度建立之前，人民银行通过行使“最后贷款人”职能在防范化解金融风险中发挥了重要作用，主要体现在三个方面：一是对发生支付危机的金融机构，在其穷尽自救措施、当地政府及有关部门已采取切实有效救助措施、股东制订的救助方案已获人民银行批准，并严肃追究有关当事人责任的前提下，可提供紧急贷款。二是在处置过程中，经国务院批准发放再贷款，收购个人债权，同时获得债权人对被处置机构的相应求偿权。三是经国务院批准，依法提供专项用于地方风险处置的中央专项借款。

需要指出的是，金融安全网的各个组成部分彼此独立又相互联系，在实践中往往需要搭配使用，如在发挥存款保险等投资者保护制度作用的过程中，必要时，可能需要中央银行提供后备融资，以促其处置金融机构风险。

二、我国金融安全网面临的挑战

金融监管的有效性有待进一步提升。近年来，我国金融业快速发展、金融创新不断涌现，在满足居民和企业金融服务需求、促进实体经济发展等方面发挥了积极作用，但也面临一些新问题、新挑战。部分非金融企业通过虚假注资、杠杆资金和关联交易急剧向金融业扩张，投资控股金融机构形成金融控股集团，其中蕴含潜在风险但尚未接受与其他金融机构同等的监管。无牌照从事金融业务、借助互联网平台违规经营、乱设地方交易场所违规开展业务、民间非法集资等非法金融活动时有发生，但针对这些违法违规现象的统一政策框架尚未出台。统筹金融业综合统计的工作初见成效，但仍存在信息缺口，尚不能完全满足系统性风险监测与评估的需要。金融业综合经营的大趋势需要金融管理部门更好地厘清职责边界，弥补监管制度短板，减少监管空白，并不断加强监管协调和信息共享。

存款保险和各类投资者保护制度早期纠正职能仍待完善。早期纠正职能强调充分发挥对问题金融机构的早期发现和及时干预作用，以提高存款保险和各类投资者保护制度在金融风险处置中的有效性，降低风险处置成本，防范金融风险的升级与扩散。依据《存款保险条例》和各行业保障基金管理办法，目前仅存款保险被赋予早期纠正职能并明确其使用成本最小化，但其早期纠正职能仍待进一步健全。

投资者保障标准存在差异。《存款保险条例》明确存款保险基金偿付限额为被保险存款本息合计50万元；保险保障基金明确了保险公司被撤销或依法实施破产时打折救助标准；证券投资者保护基金和信托业保障基金未明确投资者保障标准，实践中存在全额保障的可能。实际上，投资型理财险、股票、债券等证券产品、信托产品等均具有理财性质，属于高风险、高收益产品，其风险应由投资者自行承担，但事实上其保障比例或者较高或者未予明确，甚至存在全保的可能，这不仅不利于强化投资者风险意识，还可能引发逆向激励。

市场化的风险处置机制还需完善。早期的金融风险处置主要采取行政手段和措施，如停业整顿、行政接管、行政撤销，处置资金也主要来源于公共资金。从历史教训看，在金融机构风险不断积累直至最终退出市场的过程中，风险预警不及时，金融机构整改效果不佳，是风险未能化解在萌芽阶段的重要原因。处置责任不明晰则是金融机构风险积累、处置成本畸高的另一重要原因。部分处置主体不承担处置成本，导致权责不对等，对中央银行资金等公共资金安全重视程度不够。

三、健全金融安全网的政策建议

2017年全国金融工作会议明确要把主动防范化解系统性金融风险放在更加重要的位置，早识别、早预警、早发现、早处置，着力防范化解重点领域风险，着力完善金融安全防线和风险应急处置机制。

加强三大支柱间的协调。在党中央、国务院统一部署下，在金融委的直接领导下，要不断加强审慎的金融监管、中央银行的“最后贷款人”职能和投资者保护制度三者之间的政策协调和信息共享。审慎监管，要不断提高监管的有效性、协调性，做好信息共享，维持金融机构和金融市场的健康有序运转。投资者保护制度要协调好与“最后贷款人”职能之间的关系。中央银行履行“最后贷款人”职能，既要注重守住不发生系统性风险的底线，又要注意防范道德风险。

统筹各行业投资者保障标准。各投资者保护基金应根据金融行业发展形势和本行业产品属性，合法合理地确立投资者保障标准，打破“国家兜底”的理念，树立投资者“买者自负”的风险意识，增强金融机构和投资者的纪律约束，防止逆向激励和监管套利，切实防范道德风险，整肃市场秩序。

建立健全损失分摊和问责机制。应建立合理的损失分摊机制，金融风险处置的最终损失应由机构自身、原有股东、无担保债权人、投资者保护基金、公共资金依次分摊，以充分发挥各方资源在处置中的作用，进而减少公共资金的处置成本，实现成本最小化。若金融机构实施股权重组，还可依法由重组方承担一定损失。同时，应建立合理的问责机制，对金融机构的股东和高管、金融管理部门的工作人员等，要严厉依法依规惩处不作为、乱作为、不廉洁等违法违规行为，涉及犯罪的及时移交公安司法部门处理。

进一步推进金融机构市场化退出机制建设。探索建立金融机构主体依法自主退出机制和多层次退出路径，完善金融机构资产、负债、业务的概括转移制度，建立金融机构风险预警及处置机制，尤其是明确风险处置的触发条件、制定退出风险处置预案、丰富风险处置工具箱。在金融机构市场化退出中，要积极发挥存款保险基金和各行业保障基金的作用。存款保险基金应及时通过收购承接、过桥银行、经营中救助和存款偿付等方式处置风险，以保护存款人利益、维护金融和社会稳定。各行业保障基金应积极参与处置方案设计、方案实施等工作。

推动建立风险防范化解长效机制。一是加快弥补监管制度短板。尽快推动金融控股集团的管理办法和系统重要性金融机构监管细则落地实施，对金融控股集团实行并表监管，建立特殊处置机制，妥善解决“大而不能倒”问题。二是认真总结历史风险处置经验教训，结合当前风险处置实践和需要，研究制定风险处置责任和资金使用的相关规定，明确风险处置牵头部门和风险处置资金的使用顺序。三是健全完善金融机构风险处置法律框架，推动《企业破产法》《中国人民银行法》《银行业监督管理法》《商业银行法》《存款保险条例》和相关行业保障基金管理办法的修订，加强各主监管部门、中央银行和存款保险基金及各行业保障基金在风险处置机制中的职能衔接。

专题十六 存款保险早期纠正流程的国际经验

2017年7月召开的全国金融工作会议提出，对金融风险要科学防范，早识别、早预警、早发现、早处置，健全风险监测预警和早期干预机制，着力防范化解重点领域风险。按照《存款保险条例》，我国的存款保险制度具有必要的早期纠正和风险处置职能，有利于实现风险的早期识别，并推动有序化解和依法处置，从而逐步释放风险，防止风险积累扩大。从国际实践看，存款保险制度发展较为成熟的美国、韩国、加拿大等国家，其存款保险制度的早期纠正职责设置相对完善，对早期纠正措施的实施条件、内容设计等内容进行了规范，对我国完善存款保险制度早期纠正职能具有重要借鉴意义。

一、储贷危机的教训及相关改革

早期的存款保险制度职能局限于“付款箱”。20世纪80年代，美国放开利率管制，很多储贷机构高息揽储，从事高风险业务，最终导致了储贷危机的爆发。1980—1994年，美国有近3 000家储贷机构和银行倒闭，资产损失约9 240亿美元，负责处置储贷机构风险的美国联邦储贷保险公司（FSLIC）耗尽保险基金并破产。储贷危机的一个深刻教训就是：存款保险制度设计必须注重防范道德风险，对投保机构进行监督检查和风险约束，并能迅速处置经营不善的投保机构，将存款人和存款保险基金的损失降到最低。

吸取储贷危机的深刻教训，美国于1991年颁布了《联邦存款保险公司改进法》，对原有存款保险制度进行大幅改革，引入早期纠正机制（prompt corrective action）。在投保机构经营出现问题，可能危及存款保险基金安全的情况下，存款保险有权及时介入，对其分档次加以约束和强制性改进；同时，强化对问题银行的风险处置，当投保机构资本充足水平低于2%，FDIC可强制接管并进行处置。此次改革明确了FDIC“事前介入、事中接管、事后处置”的完善职责，使其能够及时防范和处置风险，实现“风险最小化”的政策目标。

2008年国际金融危机后，越来越多的国家和地区引入并强化了存款保险的早期纠正职能。早期纠正的目的是促进风险早发现、少发生，尽量减少风险损失。按照“孰严原则”，存款保险早期纠正、及时识别问题银行并进行早期干预，要求其采取补充资本、控制资产增长和业务扩张等措施改进，不能在限期内改进的，由存款保险实施接管处置，实现“非纠正即接管”。国际存款保险机构协会（IADI）在2013年专门发布指引指出，存款保险作为银行倒闭时最大的利益相关方，赋予其早期纠正职能，可以促使其及时识别风险，并通过多种方式灵活处置风险，有效稳定市场信心。

二、国际上存款保险早期纠正的流程

以美国为例，以早期纠正作为触发机制的市场化风险处置模式的一般流程是，当银行出现“资本根本不足”（资本充足率<2%等情形）时，由存款保险发送《早期纠正通知书》，要求在限期内（一般为90天）补充资本，化解风险。同时，存款保险基金管理机构派出风险处置工作组进场做好清产核资、业务“瘦身”、收购承接方招投标等准备工作。在90天到期时，如果银行未能通过自救达标，则启动“五一机制”，由存款保险在周五进行接管，将存款、资产等转移至合格投保机构，周一银行正常开门营业，保持基本金融服务不中断，避免形成市场震动（见图3-3）。

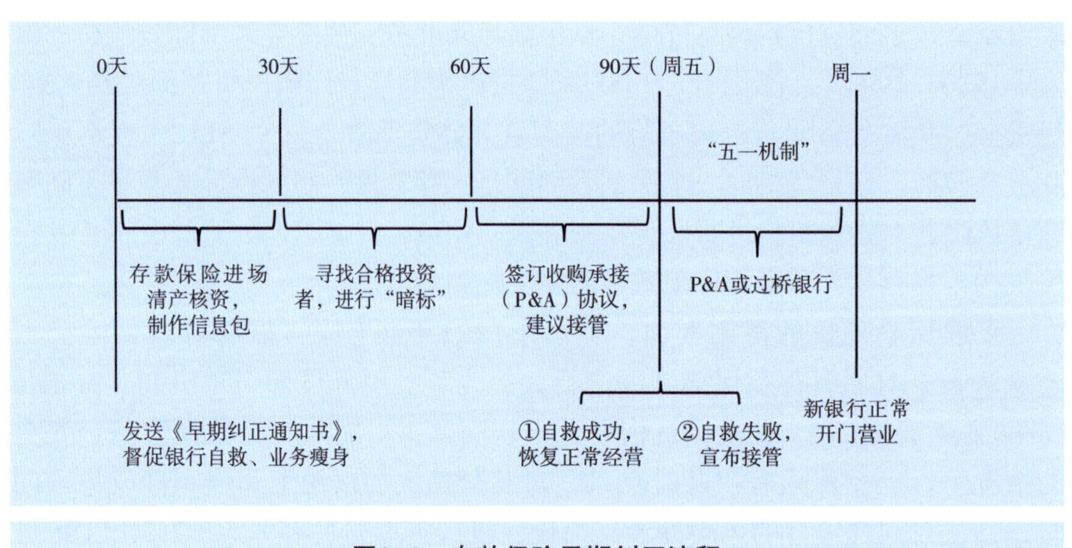

图3-3 存款保险早期纠正流程

（一）发送《早期纠正通知书》，督促银行自救

存款保险基金管理机构可以根据风险情况对投保机构采取一定的正式和非正式纠正手段，对于“资本根本不足”的机构，发送《早期纠正通知书》，要

求其采取及时补充资本、控制高风险业务等措施进行自救，同时通知处置部门做好接管准备。

（二）进场清产核资，制作信息包，督促银行业务“瘦身”

问题银行收到《早期纠正通知书》后，存款保险基金管理机构的处置部门进场收集资产负债信息、制作信息包、委托中介开展清产核资与资产评估。在此期间，问题银行可以通过引入战略投资者、出售资产、增资扩股等方式实施自救，如90天内自救成功或取得阶段性成果，处置工作可暂缓。

（三）合格投资者进行“暗标”，签订收购承接协议

存款保险基金管理机构派驻的处置组制订多套收购承接（P&A）方案，通过竞争性谈判或“暗标”等市场化方式寻找合格投资者，最终存款保险按照“成本最小化”原则确定收购承接方和承接方案，与承接方签署P&A协议。为鼓励投资者参与，P&A交易中还可附有损失分摊协议。如果没有找到合适的承接方，存款保险将成立“过桥银行”进行替代。

（四）银行自救失败，实施接管，启动“五一机制”

90天到期后，若银行自救失败，存款保险将向监管部门建议对问题银行进行接管，启动“五一机制”。即在周末，问题银行受保存款、营业网点等转移至承接方，确保银行营业网点在下周一重新开业，承接方可以顺利向存款人提供存取款、转账等主要金融服务。

专题十七　构建中国版总损失吸收能力要求框架

2015年11月，金融稳定理事会发布针对全球系统重要性银行的《总损失吸收能力条款》。作为新兴市场经济体G-SIBs，我国工商银行、农业银行、中国银行和建设银行最迟须从2025年起分阶段满足TLAC要求。目前，我国G-SIBs的TLAC缺口较大，满足TLAC要求存在较大压力，亟须构建我国TLAC要求框架，推动四家G-SIBs按时达标。

一、各国建立TLAC政策框架的情况

根据《总损失吸收能力条款》，非新兴市场经济体G-SIBs的TLAC工具规模最迟须从2019年起达到风险加权资产（RWA）的16%和杠杆率分母的6%，从2022年起将上述两个比例分别提高至18%和6.75%。我国作为新兴市场经济体可延后6年落实要求，即最迟须从2025年和2028年起分别达标。

《总损失吸收能力条款》较为原则性和框架性，因此 TLAC规则的实施有赖于各国监管机构制订详细具体的实施方案，各国可根据当地的实际情况，在FSB要求的基础上对银行提出附加要求。2018年，全球共有29家G-SIBs，其中美国8家、中国4家、法国4家、英国3家、日本3家、瑞士2家、德国、意大利、荷兰、西班牙、加拿大各1家。目前，美国、欧盟、英国、瑞士、日本、加拿大的TLAC最终实施方案已正式发布，中国尚未提出具体落地方案。

根据TLAC工具受偿顺序，各国落实TLAC要求主要有三种模式：一是法定式后偿，即法律规定受偿顺序次于处置实体资产负债表上所有非TLAC负债；二是合同式后偿，即合同约定受偿顺序次于处置实体资产负债表上所有非TLAC负债；三是结构性后偿，即由G-SIBs的非运营控股公司发行，其资产负债表中不存在受偿顺序等同或次于TLAC工具的负债。目前，德国和意大利采用法定式后偿，法国和西班牙采用合同式后偿，美国、英国、瑞士和日本均采用结构式后偿。

（一）美国

2016年12月，美联储公布了美国执行TLAC要求的最终实施方案，明显严于FSB的要求。主要体现在以下三点。

一是取消过渡期安排。根据FSB要求，2019—2022年为过渡期，2022年起TLAC规模须达到RWA的18%和杠杆率分母的6.75%，而过渡期内仅分别要求16%和6%。美联储取消了过渡期安排，要求从2019年起达到RWA的18%和杠杆率分母的7.5%。

二是提出了长期债务工具要求。FSB对债务工具占TLAC的比例仅提出了监管期望，而美联储对长期债务（LTD）工具的规模提出了具体的硬性要求。合格的LTD工具需满足以下特征：未担保；不存在影响损失吸收能力的复杂结构；剩余存续期为一年及以上；受美国法律约束；可在银行被处置时通过转股吸收损失等。为有效补充TLAC缺口，美联储设置了“祖父条款”，即2016年12月31日前发行的带有提前偿还条款或受其他国家法律约束的高级债务工具也被认定为合格LTD工具。

三是对外国G-SIBs位于美国的中间控股公司（IHC）提出了区别于美国G-SIBs的差异化监管要求。考虑到外国G-SIBs的不同处置策略对IHC损失吸收能力的影响，美联储进一步对采用多点处置策略和单点处置策略的IHC提出了差异化的监管要求。

（二）日本

日本金融服务局于2019年发布了TLAC要求的最终实施方案，与FSB的TLAC要求保持一致。三家日本G-SIBs需要于2019年3月31日和2022年3月31日起分别满足相应要求，同时要求国内系统重要性银行（D-SIBs）延后两年执行。日本的规则并未就债务工具占比提出明确要求，但当占比低于33%时，日本金融服务局将密切关注银行的整治计划。

根据FSB发布的《总损失吸收能力条款》第7条，某些“可信的事先承诺”在同时满足以下情况时可被计入TLAC：一是有关当局必须认可；二是不存在法律障碍，相关部门出资时高级债权人无须承担损失，并且在法律框架下对出资额度没有明确限制；三是该承诺必须事前从业界融资，如最低TLAC要求为16%，该部分能计入最低TLAC 要求的数量不超过RWA 的2.5%；如最低TLAC要求为18%，该部分能计入最低TLAC要求的数量不超过RWA 的3.5%。由于日本存款保险基金满足“可信的事先承诺”的要求，日本金融服务局允许日本G-SIBs按照规定的上限将存款保险基金计入TLAC。截至2019年3月末，日本存款保险基金规模约4万亿日元，占日本三家G-SIBs的RWA比例均已达到2.5%。

（三）欧盟

2019年6月，欧盟正式发布修订后的《资本要求条例》（CRRⅡ），在原有自有资金与合格债务最低要求（MREL）的基础上新增了FSB关于TLAC的有关要求，明确MREL与TLAC互为补充，两者的主要区别在以下方面。

一是MREL的实施范围更广。不同于TLAC要求仅针对G-SIBs，MREL要求覆盖欧盟《银行恢复与处置指令》要求下的所有欧洲银行、非欧盟G-SIBs和在欧盟运营且资产超过300亿欧元的非欧盟机构。

二是对G-SIBs和非G-SIBs提出不同的监管要求。对G-SIBs，MREL与FSB关于TLAC的达标要求一致；对非G-SIBs，未设定通用的达标要求，由监管机构对辖内银行单独设定不同的监管要求，且自有资金与合格债务的占比不得低于总资产的8%。

三是MREL对于合格债务工具的认定标准严于FSB。满足MREL标准的债务工具在自救中被转股或减记时，需要符合对债权人的结果优于破产清算的原则，较FSB满足TLAC要求的合格债务工具的标准更严格。

二、我国落实TLAC要求仍面临一定的挑战

我国作为FSB成员积极参与了TLAC框架的制定和出台，并争取到新兴市场经济体G-SIBs可延后6年执行TLAC要求。但这一延迟条款设定了提前达标的触发条件，一旦新兴市场经济体信用债余额/GDP超过55%，其G-SIBs应从次年起的三年内落实TLAC要求。这一指标的衡量时间为每年的11月，一直到2020年11月，指标阈值的合理性将在2019年进行重新评估。2017年末，我国的信用债/GDP的比值为49%，尚未触发提前实施的条件。

按照FSB的要求，根据2018年G-SIBs分组情况，我国的工商银行、农业银行、中国银行和建设银行在2025年初需要达到的损失吸收能力要求分别为RWA的20%、19.5%、20%和19.5%，2028年初需要达到22%、21.5%、22%和21.5%。根据四家银行2018年的年报披露，其资本充足率分别为15.39%、15.12%、14.97%和17.19%。假定四家G-SIBs资产按一定速度增长，净利润扣除分红后转增资本，同时考虑到表外业务回表、资产“瘦身”等因素，经初步测算，四家G-SIBs的资本缺口较大，满足TLAC要求存在较大压力。

三、构建我国TLAC要求框架

目前，有关部门正在研究制定我国TLAC监管规则，主要考虑如下。

TLAC监管指标和最低监管要求。G-SIBs的TLAC比率，包括TLAC的RWA

比率和杠杆比率两个指标。RWA比率应自2025年1月1日起不低于16%，2028年1月1日起不低于18%，并在此基础上满足储备资本要求、逆周期资本要求和系统重要性银行附加资本要求；杠杆比率应自2025年1月1日起不低于6%，2028年1月1日起不低于6.75%。

TLAC的构成和合格TLAC工具标准。对TLAC资本工具和非资本类债务工具的合格标准分别进行规定。资本工具在满足《商业银行资本管理办法（试行）》相关规定的基础上，还需要满足FSB关于合格TLAC工具的要求。债务工具首先明确不计入TLAC的债务类型，并在此基础上进一步对TLAC非资本类债务工具的合格标准进行认定。

明确TLAC扣减规则。为降低传染性风险，应充分考虑巴塞尔银行监管委员会制定发布的《TLAC持有规则》中的有关要求，并参考《商业银行资本管理办法（试行）》的相关规定，对G-SIBs之间互持TLAC工具、G-SIBs自持本身发行的TLAC工具以及小额少数资本投资、大额少数资本投资的相关扣减原则进行规范。

明确监督检查要求。G-SIBs应定期向监督检查部门报送有关数据和达标情况。对未达到监管要求的银行，监督检查部门可采取审慎监管措施，督促其全面提升损失吸收能力。

我国G-SIBs执行TLAC框架的时间已较为紧迫，有关部门应密切协作，推动TLAC规则早日出台，并采取综合措施，进行系统性研究设计，为我国G-SIBs按时达标创造有利条件。

附录

统计资料

附表 1　　主要宏观经济指标

项　　目	2014	2015	2016	2017	2018
国内生产总值（亿元）	643 974	679 052	744 127	820 754	900 309
工业增加值	227 991	228 974	247 860	279 997	305 160
固定资产投资总额（亿元）	512 761	562 000	606 466	641 238	645 675
社会消费品零售总额（亿元）	262 394	300 931	332 316	366 262	380 987
货物进出口总额（亿美元）	264 334	245 741	243 386	277 923	305 050
出口	143 912	141 255	138 455	153 321	164 177
进口	120 423	104 485	104 932	124 602	140 874
差额	23 489	36 770	33 523	28 718	23 303
实际使用外商直接投资（亿美元）	1 196	1 263	1 260	1 310	1 350
外汇储备（亿美元）	38 430	33 304	30 105	31 399	30 727
居民消费价格指数（上年=100）	102.0	101.4	102.0	101.6	102.1
财政收入（亿元）	140 370	152 269	159 605	172 593	183 360
财政支出（亿元）	151 786	175 878	187 755	203 085	220 904
城镇居民人均可支配收入（元）	28 844	31 195	33 616	36 396	39 251
农村居民人均可支配收入（元）	10 489	11 422	12 363	13 432	14 617
城镇就业人员（百万）	393.1	404.1	414.3	424.6	434.2
城镇登记失业率（%）	4.09	4.05	4.02	3.9	3.8
总人口（百万）	1 367.8	1 374.6	1 382.7	1 390.1	1 395.4

注：① 2014—2017年国内生产总值为最终核实数，2018年国内生产总值为初步核算数。

② 2016年，国家统计局修改了国内生产总值核算方法，并据此修订了1952—2015年国内生产总值历史数据，表中为修订后数据。

数据来源：根据《中国统计年鉴》和《中国国民经济和社会发展统计公报》等相关资料整理。

附表2

主要金融指标（一）

（年末余额）

单位：亿元

项　　目	2014	2015	2016	2017	2018
M_2	1 228 374.8	1 392 278.1	1 550 067	1 676 768.5	1 826 744.2
M_1	348 056.4	400 953.4	486 557	543 790.1	551 685.9
M_0	60 259.5	63 217.6	68 304	70 645.6	73 208.4
金融机构各项存款	1 138 644.6	1 357 021.6	1 505 864	1 641 044.2	1 775 225.7
储蓄存款	485 261.3	526 281.8	569 149	595 972.6	631 202.4
非金融企业存款	378 333.8	430 247.4	502 178	542 404.6	562 976.2
金融机构各项贷款	816 770.0	939 540.2	1 066 040	1 201 321.0	1 362 966.7

数据来源：中国人民银行。

附表 3

主要金融指标（二）

（增长率）

单位：%

项　　目	2014	2015	2016	2017	2018
M_2	12.2	13.3	11.3	8.2	8.1
M_1	3.2	15.2	21.4	11.8	1.5
M_0	2.9	4.9	8.1	3.4	3.6
金融机构各项存款	9.1	12.4	11.0	9.0	8.2
储蓄存款	8.4	8.5	8.2	4.7	5.9
非金融企业存款	4.6	13.7	16.7	8.0	3.8
金融机构各项贷款	13.6	14.3	13.5	12.7	13.5

注：由于统计制度的调整，本表增长率是经过调整的可比口径的同期比。
数据来源：中国人民银行。

附表 4

国际流动性

单位：百万美元

项　　目	2014	2015	2016	2017	2018
总储备（减黄金）	3 853 760	3 345 193	3 029 775	3 158 877	3 091 881
特别提款权	10 456	10 284	9 661	10 981	10 690
在基金储备头寸	286	4 547	9 597	7 947	8 479
外汇	3 843 018	3 330 362	3010 517	3 139 949	3 072 712
黄金（百万盎司）	33.89	56.66	59.24	59.24	60
黄金（折价）	9 815	60 191	67 878	76 473	76 331
其他存款性公司国外负债	409 995	199 865	182 683	313 413	304 431

注：黄金（折价）2016年起为市值计价，与之前的历史数据不可比。
数据来源：中国人民银行。

附表5　黄金、外汇储备

年　份	黄金储备（万盎司）	外汇储备（亿美元）	外汇储备比上年增长（%）
2000	1 267	1 655.7	7.0
2001	1 608	2 121.7	28.1
2002	1 929	2 864.1	35.0
2003	1 929	4 032.5	40.8
2004	1 929	6 099.3	51.3
2005	1 929	8 188.7	34.3
2006	1 929	10 663.4	30.2
2007	1 929	15 282.5	43.3
2008	1 929	19 460.3	27.3
2009	3 389	23 991.5	23.3
2010	3 389	28 473.4	18.7
2011	3 389	31 811.5	10.7
2012	3 389	33 115.9	4.1
2013	3 389	38 213.2	15.4
2014	3 389	38 430.2	0.6
2015	5 666	33 303.6	−13.3
2016	5 924	30 105.2	−9.6
2017	5 924	31 399.5	4.3
2018	5 956	30 727.1	−2.1

数据来源：中国人民银行。

附表 6　金融业资产简表

（2018年12月31日）

单位：万亿元

项　　目	资产
金融业	329.14
中央银行	37.25
银行业金融机构	268.24
证券业金融机构	5.32
保险业金融机构	18.33

注：证券业金融机构资产指不包含客户资产的证券公司总资产。
数据来源：中国人民银行金融稳定分析小组估算。

附表 7

2018年存款性公司概览

（季末余额）

单位：亿元

项　　目	第一季度	第二季度	第三季度	第四季度
国外净资产	255 448.39	257 146.55	256 693.98	255 736.06
国内信贷	1 841 752.74	1 873 240.25	1 927 674.49	1 965 451.37
对政府债权（净）	214 980.98	220 422.83	238 969.72	251 378.34
对非金融部门债权	1 338 831.03	1 373 057.60	1 423 654.66	1 450 736.66
对其他金融部门债权	287 940.74	279 759.82	265 050.11	263 336.37
货币和准货币	1 739 859.48	1 770 178.37	1 801 665.58	1 826 744.22
货币	523 540.07	543 944.71	538 574.08	551 685.91
流通中货币	72 692.63	69 589.33	71 254.26	73 208.40
单位活期存款	450 847.45	474 355.38	467 319.82	478 477.50
准货币	1 216 319.40	1 226 233.66	1 263 091.50	1 275 058.31
单位定期存款	332 605.89	334 425.29	349 826.79	340 178.91
个人存款	692 563.69	692 440.77	706 256.25	721 688.57
其他存款	191 149.82	199 367.60	207 008.46	213 190.83
不纳入广义货币的存款	48 087.93	47 684.68	46 714.11	45 211.42
债券	230 069.30	236 917.40	242 695.69	255 387.56
实收资本	52 127.82	53 052.16	53 577.82	54 432.45
其他（净）	27 056.60	22 554.19	39 715.28	39 411.78

数据来源：中国人民银行。

附表8

2018年货币当局资产负债表
（季末余额）

单位：亿元

项　　目	第一季度	第二季度	第三季度	第四季度
国外资产	220 277.91	220 183.33	218 810.54	217 648.06
外汇	214 952.04	215 193.78	214 084.15	212 556.68
货币黄金	2 541.50	2 541.50	2 541.50	2 569.79
其他国外资产	2 784.37	2 448.05	2 184.89	2 521.59
对政府债权	15 274.09	15 274.09	15 274.09	15 250.24
其中：中央政府	15 274.09	15 274.09	15 274.09	15 250.24
对其他存款性公司债权	99 901.88	103 424.01	109 333.36	111 517.46
对其他金融性公司债权	5 949.94	5 947.94	5 956.83	4 642.60
对非金融部门债权	35.65	54.37	45.02	27.84
其他资产	18 168.93	17 818.71	16 809.91	23 405.85
总资产	**359 608.40**	**362 702.44**	**366 229.75**	**372 492.06**
储备货币	321 350.16	318 471.19	317 918.35	330 956.52
货币发行	79 452.59	75 657.75	78 117.23	79 145.50
金融性公司存款	238 740.05	237 805.08	231 051.12	235 511.22
其他存款性公司存款	238 740.05	237 805.08	231 051.12	235 511.22
其他金融性公司	0	0	0	0
非金融性公司存款	3 157.52	5 008.36	8 749.99	16 299.80
不计入储备货币的金融性公司存款	4 168.46	3 746.50	3 549.03	4 016.33
发行债券	0	0	0	200.00
国外负债	928.59	1 117.80	2 049.55	1 164.51
政府存款	26 373.97	32 041.47	34 794.98	28 224.74
自有资金	219.75	219.75	219.75	219.75
其他负债	6 567.48	7 105.73	7 698.09	7 710.20
总负债	**359 608.40**	**362 702.44**	**366 229.75**	**372 492.06**

数据来源：中国人民银行。

附表 9 2018年其他存款性公司资产负债表

（季末余额）

单位：亿元

项　　目	第一季度	第二季度	第三季度	第四季度
国外资产	55 832.74	57 794.57	59 781.76	60 146.25
储备资产	244 963.13	244 261.40	238 906.92	243 160.75
准备金存款	238 203.17	238 192.99	232 043.95	237 223.65
库存现金	6 759.96	6 068.41	6 862.97	5 937.10
对政府债权	226 080.86	237 190.21	258 490.61	264 352.83
其中：中央政府	226 080.86	237 190.21	258 490.61	264 352.83
对中央银行债权	0	0	0	0
对其他存款性公司债权	283 166.59	282 344.92	280 218.03	287 239.04
对其他金融性公司债权	281 990.80	273 811.88	259 093.28	258 693.77
对非金融性公司债权	921 704.53	937 323.23	967 286.96	977 946.45
对其他居民部门债权	417 090.85	435 680.00	456 322.69	472 762.37
其他资产	101 405.82	101 297.61	100 213.90	103 033.45
总资产	**2 532 235.32**	**2 569 703.82**	**2 620 314.15**	**2 667 334.90**
对非金融机构及住户负债	1 573 169.12	1 591 689.75	1 624 130.19	1 641 200.71
纳入广义货币的存款	1 476 017.03	1 501 221.44	1 523 402.86	1 540 344.99
单位活期存款	450 847.45	474 355.38	467 319.82	478 477.50
单位定期存款	332 605.89	334 425.29	349 826.79	340 178.91
个人存款	692 563.69	692 440.77	706 256.25	721 688.57
不纳入广义货币的存款	48 087.93	47 684.68	46 714.11	45 211.42
可转让存款	15 642.98	15 028.96	14 651.96	15 355.91
其他存款	32 444.96	32 655.72	32 062.15	29 855.51
其他负债	49 064.16	42 783.62	54 013.21	55 644.31
对中央银行负债	95 168.10	94 314.95	99 761.61	104 474.77
对其他存款性公司负债	112 176.00	110 739.06	107 847.99	108 915.86
对其他金融性公司负债	179 402.83	184 889.67	182 568.64	184 310.60
其中：计入广义货币的存款	175 839.38	181 610.05	177 897.24	179 374.61
国外负债	19 733.67	19 713.55	19 848.77	20 893.74
债券发行	230 069.30	236 917.40	242 695.69	255 387.56
实收资本	51 908.07	52 832.40	53 358.06	54 212.70
其他负债	270 608.23	278 607.05	290 103.21	297 938.96
总负债	**2 532 235.32**	**2 569 703.82**	**2 620 314.15**	**2 667 334.90**

数据来源：中国人民银行。

附表 10　**2018年中资大型银行资产负债表**

（季末余额）

单位：亿元

项　目	第一季度	第二季度	第三季度	第四季度
国外资产	30 975.78	31 919.00	32 887.66	32 428.36
储备资产	127 903.44	126 423.37	124 009.04	117 998.78
准备金存款	124 290.74	123 221.07	120 342.69	114 843.67
库存现金	3 612.70	3 202.29	3 666.35	3 155.11
对政府债权	145 469.39	153 150.40	165 962.89	169 057.01
其中：中央政府	145 469.39	153 150.40	165 962.89	169 057.01
对中央银行债权	0	0	0	0
对其他存款性公司债权	107 666.83	105 551.33	104 842.31	103 994.14
对其他金融性公司债权	64 342.59	63 249.91	62 199.18	62 477.33
对非金融性公司债权	465 839.19	467 388.41	483 710.02	486 979.20
对其他居民部门债权	215 652.48	223 672.82	231 686.79	237 932.55
其他资产	47 519.73	46 551.32	45 129.66	44 609.30
总资产	**1 205 369.44**	**1 217 906.56**	**1 250 427.55**	**1 255 476.67**
对非金融机构及住户负债	819 739.26	821 637.93	838 797.41	835 134.14
纳入广义货币的存款	755 247.17	762 374.47	770 529.30	766 506.97
单位活期存款	222 198.15	234 996.74	231 896.63	229 781.36
单位定期存款	128 336.07	127 376.10	130 761.17	124 589.36
个人存款	404 712.95	400 001.63	407 871.50	412 136.25
不纳入广义货币的存款	24 836.76	24 568.78	23 786.68	22 554.47
可转让存款	7 393.15	6 924.16	7 050.01	7 125.50
其他存款	17 443.61	17 644.62	16 736.67	15 428.97
其他负债	39 655.34	34 694.67	44 481.44	46 072.70
对中央银行负债	51 007.64	48 232.50	50 342.56	51 163.47
对其他存款性公司负债	16 623.69	19 242.88	21 047.30	23 530.02
对其他金融性公司负债	65 090.68	70 016.32	72 630.29	69 785.71
其中：计入广义货币的存款	64 139.05	68 846.05	71 479.50	68 493.76
国外负债	7 873.93	7 197.85	7 433.75	8 440.40
债券发行	95 875.81	98 570.42	102 212.66	105 419.59
实收资本	21 718.17	22 097.28	22 199.22	22 193.02
其他负债	127 440.25	130 911.37	135 764.37	139 810.33
总负债	**1 205 369.44**	**1 217 906.56**	**1 250 427.55**	**1 255 476.67**

数据来源：中国人民银行。

附表 11　**2018年中资中型银行资产负债表**

（季末余额）

单位：亿元

项　目	第一季度	第二季度	第三季度	第四季度
国外资产	20 982.48	21 709.55	22 703.17	23 270.91
储备资产	40 702.47	41 465.90	39 049.57	40 679.94
准备金存款	40 136.18	40 945.48	38 528.97	40 141.87
库存现金	566.28	520.43	520.60	538.07
对政府债权	47 653.59	49 752.21	53 968.47	54 924.69
其中：中央政府	47 653.59	49 752.21	53 968.47	54 924.69
对中央银行债权	0	0	0	0
对其他存款性公司债权	40 316.43	41 327.03	40 270.08	43 055.84
对其他金融性公司债权	99 879.98	97 733.14	87 851.78	89 387.94
对非金融性公司债权	220 714.32	227 107.63	230 935.69	231 884.67
对其他居民部门债权	97 902.90	102 998.26	109 593.58	115 301.68
其他资产	18 737.87	19 265.20	17 805.77	20 562.71
总资产	**586 890.04**	**601 358.92**	**602 178.11**	**619 068.37**
对非金融机构及住户负债	269 819.75	276 862.17	280 012.80	282 198.81
纳入广义货币的存款	250 931.77	258 779.77	261 441.60	264 372.84
单位活期存款	102 440.84	106 540.03	101 709.39	104 897.56
单位定期存款	97 287.09	97 894.58	104 344.90	101 411.48
个人存款	51 203.84	54 345.16	55 387.30	58 063.80
不纳入广义货币的存款	15 066.97	15 313.74	15 217.64	14 630.74
可转让存款	4 937.95	4 826.59	4 457.07	4 615.10
其他存款	10 129.02	10 487.14	10 760.58	10 015.64
其他负债	3 821.02	2 768.67	3 353.57	3 195.23
对中央银行负债	35 524.50	36 325.10	38 789.60	39 696.40
对其他存款性公司负债	34 800.29	35 431.93	31 751.71	34 693.57
对其他金融性公司负债	74 777.25	75 116.91	70 476.72	72 246.04
其中：计入广义货币的存款	73 468.23	73 903.02	68 171.66	69 944.49
国外负债	6 190.63	6 453.44	6 265.18	6 373.67
债券发行	96 829.34	100 167.71	101 501.70	107 575.33
实收资本	6 221.42	6 295.71	6 329.87	6 395.56
其他负债	62 726.86	64 705.95	67 050.54	69 888.98
总负债	**586 890.04**	**601 358.92**	**602 178.11**	**619 068.37**

数据来源：中国人民银行。

附表 12

2018年中资小型银行资产负债表

（季末余额）

单位：亿元

项　　目	第一季度	第二季度	第三季度	第四季度
国外资产	1 622.34	1 615.40	1 578.31	1 766.00
储备资产	60 714.37	60 325.46	59 770.95	66 328.89
准备金存款	58 730.07	58 493.49	57 664.71	64 498.63
库存现金	1 984.31	1 831.98	2 106.24	1 830.26
对政府债权	29 350.79	30 694.99	34 285.56	35 997.70
其中：中央政府	29 350.79	30 694.99	34 285.56	35 997.70
对中央银行债权	0	0	0	0
对其他存款性公司债权	89 991.49	90 389.01	89 218.51	92 540.26
对其他金融性公司债权	108 502.01	103 220.33	98 641.33	97 963.04
对非金融性公司债权	180 762.11	188 116.14	197 444.56	204 553.32
对其他居民部门债权	84 394.64	89 748.45	95 970.79	101 279.66
其他资产	19 017.33	19 437.69	20 615.79	21 378.47
总资产	**574 355.09**	**583 547.46**	**597 525.80**	**621 807.34**
对非金融机构及住户负债	373 481.39	382 248.81	391 974.23	408 501.16
纳入广义货币的存款	365 654.50	374 688.34	383 900.33	400 134.92
单位活期存款	96 210.28	100 243.61	100 249.73	103 423.07
单位定期存款	76 457.98	78 492.12	81 283.97	83 600.52
个人存款	192 986.24	195 952.60	202 366.63	213 111.33
不纳入广义货币的存款	3 942.13	3 514.01	3 412.64	3 359.29
可转让存款	999.41	893.28	860.81	979.79
其他存款	2 942.72	2 620.73	2 551.84	2 379.50
其他负债	3 884.77	4 046.46	4 661.26	5 006.95
对中央银行负债	7 593.51	8 586.23	9 608.88	12 397.55
对其他存款性公司负债	48 390.29	44 366.04	43 577.20	40 430.36
对其他金融性公司负债	38 021.05	38 302.63	37 891.97	40 728.76
其中：计入广义货币的存款	37 165.89	37 629.80	36 990.05	39 696.79
国外负债	924.20	965.73	1 116.17	1 150.95
债券发行	37 036.32	37 754.37	38 400.04	41 757.17
实收资本	15 140.64	15 474.23	15 792.36	16 546.38
其他负债	53 767.67	55 849.41	59 164.97	60 295.01
总负债	**574 355.09**	**583 547.46**	**597 525.80**	**621 807.34**

数据来源：中国人民银行。

附表13　　2018年外资银行资产负债表

（季末余额）

单位：亿元

项　　目	第一季度	第二季度	第三季度	第四季度
国外资产	2 042.79	2 328.41	2 380.17	2 452.41
储备资产	3 045.00	2 985.35	2 832.29	3 286.71
准备金存款	3 037.94	2 978.57	2 826.24	3 280.60
库存现金	7.06	6.77	6.05	6.12
对政府债权	2 020.37	2 028.15	2 584.27	2 681.34
其中：中央政府	2 020.37	2 028.15	2 584.27	2 681.34
对中央银行债权	0	0	0	0
对其他存款性公司债权	5 926.06	5 892.65	5 271.03	5 843.78
对其他金融性公司债权	3 825.89	3 848.67	3 847.03	3 745.44
对非金融性公司债权	12 082.05	12 009.17	12 367.27	11 648.67
对其他居民部门债权	1 253.96	1 283.27	1 340.21	1 451.93
其他资产	12 604.10	12 596.29	13 217.80	13 066.42
总资产	**42 800.22**	**42 971.95**	**43 840.06**	**44 176.72**
对非金融机构及住户负债	17 732.04	17 378.10	17 467.85	18 385.53
纳入广义货币的存款	12 908.92	12 864.83	12 701.45	13 699.84
单位活期存款	3 876.34	4 151.63	3 649.92	4 837.13
单位定期存款	7 785.78	7 499.07	7 804.65	7 564.54
个人存款	1 246.80	1 214.13	1 246.88	1 298.17
不纳入广义货币的存款	3 210.71	3 335.84	3 346.68	3 461.05
可转让存款	1 668.20	1 776.81	1 749.01	1 875.52
其他存款	1 542.50	1 559.03	1 597.67	1 585.53
其他负债	1 612.41	1 177.43	1 419.72	1 224.63
对中央银行负债	91.33	225.59	81.85	144.34
对其他存款性公司负债	3 136.50	2 831.70	2 884.12	2 341.79
对其他金融性公司负债	903.03	1 042.67	1 100.38	1 115.97
其中：计入广义货币的存款	772.45	936.03	938.32	1 003.73
国外负债	4 735.07	5 072.66	5 010.53	4 903.62
债券发行	208.03	322.74	445.91	549.38
实收资本	1 830.06	1 835.39	1 872.62	1 877.84
其他负债	14 164.17	14 263.11	14 976.82	14 858.25
总负债	**42 800.22**	**42 971.95**	**43 840.06**	**44 176.72**

数据来源：中国人民银行。

附表14　**2018年农村信用社资产负债表**

（季末余额）

单位：亿元

项　目	第一季度	第二季度	第三季度	第四季度
国外资产	3.57	3.17	7.16	6.98
储备资产	9 798.08	10 020.83	9 845.82	11 288.96
准备金存款	9 208.48	9 514.44	9 282.10	10 881.43
库存现金	589.59	506.40	563.72	407.53
对政府债权	1 527.90	1 504.80	1 620.85	1 627.19
其中：中央政府	1 527.90	1 504.80	1 620.85	1 627.19
对中央银行债权	0	0	0	0
对其他存款性公司债权	21 761.65	20 486.49	19 708.69	16 428.53
对其他金融性公司债权	2 267.74	1 874.12	1 739.01	1 453.87
对非金融性公司债权	17 876.15	17 553.32	17 021.68	15 546.67
对其他居民部门债权	16 603.65	16 670.92	16 362.74	15 328.11
其他资产	3 158.17	3 054.46	3 010.64	2 948.39
总资产	**72 996.92**	**71 168.11**	**69 316.58**	**64 628.72**
对非金融机构及住户负债	53 374.67	51 972.48	50 182.54	46 535.39
纳入广义货币的存款	53 295.64	51 902.61	50 113.53	46 408.10
单位活期存款	9 019.86	9 162.03	8 947.85	7 839.10
单位定期存款	1 867.24	1 819.56	1 788.69	1 497.42
个人存款	42 408.54	40 921.01	39 376.99	37 071.58
不纳入广义货币的存款	1.41	0.59	0.47	0.48
可转让存款	1.31	0.55	0.45	0.46
其他存款	0.10	0.03	0.02	0.02
其他负债	77.62	69.28	68.53	126.82
对中央银行负债	778.33	770.38	743.25	770.77
对其他存款性公司负债	8 393.69	7 927.62	7 778.30	7 165.43
对其他金融性公司负债	339.36	144.48	164.35	170.04
其中：计入广义货币的存款	117.75	123.67	102.34	87.63
国外负债	0.01	0	0	0.03
债券发行	33.99	22.86	57.56	9.56
实收资本	1 780.88	1 761.62	1 692.48	1 585.07
其他负债	8 295.99	8 568.68	8 698.09	8 392.42
总负债	**72 996.92**	**71 168.11**	**69 316.58**	**64 628.72**

数据来源：中国人民银行。

附表15

证券市场概况统计表

年　份	2013	2014	2015	2016	2017	2018
境内上市公司数（A、B股）（家）	2 489	2 613	2 827	3 052	3 485	3 584
境内上市外资股（B股）（家）	106	104	101	100	100	99
境外上市公司数（H股）（家）	182	202	229	241	252	267
总发行股本（亿股）	33 822.04	36 795.10	43 024.14	48 750.29	53 746.67	57 581.03
其中：流通股本（亿股）	29 997.12	32 289.25	37 043.37	41 136.05	45 044.87	49 047.57
股票市价总值（亿元）	239 077.19	372 546.96	531 462.70	507 685.88	567 086.08	434 924.03
其中：股票流通市值（亿元）	199 579.54	315 624.31	417 880.76	393 401.67	449 298.14	353 794.20
股票交易量（亿股）	48 372.67	73 383.09	171 039.47	95 525.43	87 780.84	82 037.25
股票成交金额（亿元）	468 728.61	742 385.26	2 550 541.31	1 277 680.32	1 124 625.11	901 739.40
上证综合指数（收盘）	2 115.98	3 234.68	3 539.18	3 103.64	3 307.17	2 493.90
深证综合指数（收盘）	1 057.67	1 415.19	2 308.91	1 969.11	1 899.34	1 267.87
期末投资者数（万）	—	7 294.36	9 910.54	11 811.04	13 398.29	14 650.44
平均市盈率						
上海	10.99	15.99	17.63	15.94	16.30	12.49
深圳	34.05	41.91	52.75	41.21	36.21	20.00
平均换手率（%）						
上海	169.22	242.01	489.63	158.43	180.47	150.91
深圳	423.79	471.99	825.65	541.76	412.88	356.92
政府债券发行额（亿元）	20230	21 747	59 408	91 086	83 513	78 278
公司信用类债券发行额（亿元）	36784	51 516	67 205	82 242	56 352	77 905
银行间市场国债现货成交金额（亿元）	58152	58 797	99 296	126 130	131 269	190 695
银行间市场国债回购成交金额（亿元）	591766	839 347	1 589 806	1 757 356	1 913 543	2 144 206
证券投资基金只数（只）	1551	1 899	2 723	3 873	4 848	5 580
证券投资基金规模（亿元）	30 011.54	45 374.30	83 971.83	91 595.16	115 989.13	130 339.08
交易所上市证券投资基金成交金额（亿元）	14 785.47	47 230.89	152 684.59	111 444.32	98 051.89	102 704.59
期货成交总量（万手）	206 177.33	250 585.57	357 791.06	413 776.83	307 102.17	301 055.65
期货成交额（亿元）	2 674 739.52	2 919 882.26	5 542 311.75	1 956 316.08	1 878 925.88	2 107 973.78

数据来源：中国人民银行、中国证监会、中国证券投资基金业协会、中央结算公司。

附表16　　股票市值与GDP的比率

单位：亿元，%

年份	GDP	市价总值	比率	GDP	流通市值	比率
2001	109 655	43 583	39.69	109 655	14 489	13.19
2002	120 333	38 339	31.85	120 333	12 487	10.38
2003	135 823	42 478	31.26	135 823	13 185	9.70
2004	159 878	37 081	23.18	159 878	11 701	7.31
2005	183 868	32 446	17.64	183 868	10 638	5.78
2006	211 923	89 441	42.19	211 923	25 021	11.80
2007	249 530	327 291	131.10	249 530	93 141	37.30
2008	300 670	121 541	40.36	300 670	45 303	15.04
2009	335 353	244 104	72.74	335 353	151 342	45.10
2010	397 983	265 423	66.69	397 983	193 110	48.52
2011	471 564	214 758	45.54	471 564	164 921	34.97
2012	519 322	230 358	44.36	519 322	181 658	34.98
2013	568 845	239 077	42.03	568 845	199 580	35.09
2014	636 463	372 547	58.53	636 463	315 624	49.59
2015	676 708	531 463	78.51	676 708	417 881	61.76
2016	744 127	507 686	68.30	744 127	393 402	52.85
2017	827 122	567 086	68.56	827 122	449 298	54.32
2018	900 309	434 924	48.31	900 309	353 794	39.30

数据来源：国家统计局、中国证监会。

附表17　　境内股票筹资额和银行贷款增加额的比率

单位：亿元，%

年份	境内股票筹资额	银行贷款增加额	比率
2001	1 238.14	12 439.41	9.50
2002	720.05	18 979.20	4.11
2003	665.51	27 702.30	2.97
2004	650.53	19 201.60	4.49
2005	339.03	16 492.60	2.05
2006	2 374.50	30 594.89	8.05
2007	7 814.74	36 405.60	21.21
2008	3 312.39	41 703.76	6.28
2009	4 834.34	96 290.18	4.04
2010	9 799.80	79 510.73	11.26
2011	7 154.43	68 751.14	7.38
2012	4 542.40	81 962.95	3.82
2013	4 131.46	93 326.01	3.70
2014	8 498.26	101 548.47	4.76
2015	16 361.62	117 007.11	14.06
2016	20 297.39	123 592.46	16.53
2017	15 534.98	133 725.15	12.42
2018	11 377.88	163 217.27	6.97

数据来源：根据中国证监会、中国人民银行数据整理。

附表18

股票市场概况统计表

年份		2012	2013	2014	2015	2016	2017	2018
境内上市公司数（A、B股）(家)		2 494	2 489	2 613	2 827	3 052	3 485	3 584
其中：ST公司数（家）		99	53	44	51	62	64	57
中小板公司数（家）		701	701	732	776	822	903	922
创业板公司数（家）		355	355	406	492	570	710	739
境内上市外资股（B股）（家）		108	106	104	101	100	100	99
其中：ST公司数（家）		10	7	3	0	4	4	1
总发行股本（亿股）		31 833.62	33 822.04	36 795.10	43 024.14	48 750.29	53 746.67	57 581.03
其中：中小板总发行股本		2 410.25	2 818.48	3 470.59	4 853.94	6 423.69	7 612.24	8 360.10
创业板总发行股本		600.89	761.56	1 077.26	1 840.45	2 630.61	3 258.49	3 728.17
市价总值（亿元）		230 357.62	239 077.19	372 546.96	531 462.70	507 685.88	567 086.08	434 924.03
其中：中小板市价总值		28 804.03	37 163.74	51 058.20	103 950.47	98 113.98	103 992.02	70 122.00
创业板市价总值		8 731.21	15 091.98	21 850.95	55 916.25	52 254.50	51 288.81	40 459.59
流通市值（亿元）		181 658.26	199 579.54	315 624.31	417 880.76	393 401.67	449 298.14	353 794.20
其中：中小板流通市值		16 244.15	25 543.70	36 017.99	69 737.04	64 088.77	71 155.07	50 478.88
创业板流通市值		3 335.29	8 218.83	13 072.90	32 078.68	30 536.90	30 494.77	24 542.95
成交量（亿股）	合计	32 860.54	48 372.68	73 383.09	171 039.47	95 525.43	87 780.84	82 037.25
	日平均	135.23	203.25	301.04	700.98	388.08	359.76	337.60
	中小板	5 075.85	8 245.92	11 313.55	25 409.95	20 578.13	17 409.44	18 286.37
	创业板	1 478.14	3 035.84	4 035.30	9 938.88	9 509.90	8 829.88	11 642.30

续表

年份		2012	2013	2014	2015	2016	2017	2018
成交金额（亿元）	合计	314 583.27	468 728.61	743 912.98	2 550 541.31	1 273 844.74	1 124 625.11	901 739.40
	日平均	1 294.58	1 969.45	3 036.38	10 453.04	5 220.68	4 609.12	3 710.86
	中小板	61 891.45	100 224.40	152 166.57	497 556.18	344 164.94	259 879.80	203 625.83
	创业板	23 304.63	51 181.94	78 041.34	285 352.81	216 831.62	165 521.59	158 862.19
平均换手率（%）	上海	128.19	169.22	242.01	489.63	158.43	180.47	150.91
	深圳	325.84	423.79	471.99	825.65	541.76	412.88	356.92
平均市盈率	上海	12.59	10.99	15.99	17.63	15.94	16.30	12.49
	深圳	22.02	34.05	41.91	52.75	41.21	36.21	20
	中小板	25.42	34.07	41.06	68.06	50.35	45.56	21.04
	创业板	32.01	55.21	64.51	109.01	73.21	51.39	32.78
上证综合指数	开盘	2 212.00	2 289.51	2 112.13	3 258.63	3 536.59	3 105.31	3 314.03
	最高	2 478.38	2 444.80	3 239.36	5 178.19	3 538.69	3 450.50	3 587.03
	月日	2012-02-27	2013-02-18	2014-12-31	2015-06-12	2016-01-04	2017-11-14	2018-01-29
	最低	1 949.46	1 849.65	1 974.38	2 850.71	2 638.30	3 016.53	2 449.20
	月日	2012-12-04	2013-06-25	2014-03-12	2015-08-26	2016-01-27	2017-05-11	2018-10-19
	收盘	2 269.13	2 115.98	3 234.68	3 539.18	3 103.64	3 307.17	2 493.90
深证综合指数	开盘	871.93	887.36	1 055.88	1 419.44	2 304.48	1 972.55	1 903.49
	最高	1 020.29	1 106.27	1 504.48	3 156.96	2 304.49	2 054.02	1 966.15
	月日	2012-03-14	2013-10-22	2014-12-16	2015-06-12	2016-01-04	2017-03-17	2018-01-25
	最低	724.97	815.89	1 004.93	1 408.99	1 618.12	1 753.53	1 212.23
	月日	2012-12-04	2013-06-25	2014-04-29	2015-01-05	2016-01-27	2017-06-02	2018-10-19
	收盘	881.17	1 057.67	1 415.19	2 308.91	1 969.11	1 899.34	1 267.87

数据来源：中国证监会、上海证券交易所、深圳证券交易所。

附表19

中国债券发行情况汇总表

单位：亿元

年份	政府债务			金融债券			公司信用类债券（企业债）		
	发行额	兑付额	期末余额	发行额	兑付额	期末余额	发行额	兑付额	期末余额
1999	4 015	1 239	10 542				158	57	779
2000	4 657	2 179	13 020				83		862
2001	4 884	2 286	15 618				147		
2002	5 934	2 216	19 336				325		
2003	6 280	2 756	22 604				358		
2004	6 924	3 750	25 778				327		
2005	7 042	4 046	28 774				2 047	37	
2006	8 883	6 209	31 449				3 938	1 672	
2007	23 139	5 847	48 741				5 181	2 881	7 683
2008	8 558	7 531	49 768				8 723	3 278	13 251
2009	17 927	9 745	57 950				16 599	4 309	25 541
2010	19 778	10 043	67 685				16 094	5 099	36 318
2011	17 100	10 959	75 832	23 491	7 683	75 748	23 548	10 326	49 095
2012	16 154	9 464	82 522	26 202	8 588	93 362	37 365	8 750	77 710
2013	20 230	8 996	95 471	26 310	13 306	105 772	36 784	18 673	93 242
2014	21 747	10 365	107 275	36 552	19 345	125 489	51 516	27 388	116 214
2015	59 408	12 803	154 524	102 095	53 852	184 596	67 205	39 757	144 329
2016	91 086	19 709	225 734	182 152	125 677	236 499	82 242	61 139	175 180
2017	83 513	27 567	281 538	258 056	216 410	278 301	56 352	52 378	183 252
2018	78 278	29 875	330 069	274 056	229 047	322 585	77 905	51 561	205 603

注：① 金融债券指由金融企业发行的债券，包括国开行金融债、政策性金融债、商业银行普通债、商业银行次级债、商业银行资本混合债、资产支持证券、证券公司债券、证券公司短期融资券、资产管理公司金融债、同业存单。

② 因统计制度调整，自2012年起，表中“企业债”替换为“公司信用类债券”，包括非金融企业债务融资工具、企业债券以及公司债、可转债、可分离债、中小企业私募债。

数据来源：中国人民银行。

附表 20

中国保险业发展概况统计表

单位：亿元，%

项　　目	2012	同比增长	2013	同比增长	2014	同比增长	2015	同比增长	2016	同比增长	2017	同比增长	2018	同比增长
保费收入	15 487.93	8.01	17 222.24	11.20	20 234.81	17.49	24 282.52	20.00	30 959.10	27.50	36 581.01	18.16	38 016.62	3.92
1.财产险	5 330.93	15.44	6 212.26	16.53	7 203.38	15.95	7 994.97	10.99	8 724.50	9.12	9 834.66	12.72	10 770.08	9.51
2.人身意外伤害	386.18	15.58	461.34	19.46	542.57	17.61	635.56	17.14	749.89	17.99	901.32	20.19	1 075.55	19.33
3.健康险	862.76	24.73	1 123.50	30.22	1 587.18	41.27	2 410.47	51.87	4 042.50	67.71	4 389.46	8.58	5 448.13	24.12
4.寿险	8 908.06	2.44	9 425.14	5.80	10 901.69	15.67	13 241.52	21.46	17 442.22	31.72	21 455.57	23.01	20 722.86	–3.41
赔款、给付	4 716.32	20.03	6 212.90	31.73	7 216.21	16.15	8 674.14	20.20	10 512.89	21.20	11 180.79	6.35	12 297.87	9.99
1.财产险	2 816.33	28.78	3 439.14	22.11	3 788.21	10.15	4 194.17	10.72	4 726.18	12.68	5 087.45	7.64	5 897.32	15.92
2.人身意外伤害	96.80	18.28	109.51	13.12	128.42	17.27	151.84	18.24	183.01	20.53	223.69	22.23	267.70	19.68
3.健康险	298.17	–17.10	411.13	37.88	571.16	38.92	762.97	33.58	1 000.75	31.17	1 294.77	29.38	1 744.34	34.72
4.寿险	1 505.01	15.69	2 253.13	49.71	2 728.43	21.09	3 565.17	30.67	4 602.95	29.11	4 574.89	–0.61	4 388.52	–4.07
营业费用	2 171.46	15.36	2 459.59	13.27	2 795.79	13.67	3 336.72	19.35	3 895.52	16.75	4 288.06	10.08	4 717.73	10.02
银行存款	23 446.00	32.19	22 640.98	–3.43	25 233.44	11.45	24 349.67	–3.50	24 844.21	2.03	19 274.07	–22.42	24 363.50	26.41
投资	45 096.58	19.50	54 232.43	20.26	66 997.41	23.54	87 445.81	30.52	109 066.46	24.72	129 932.14	19.13	139 724.88	7.54
其中：国债	4 795.02	1.11	4 776.73	–0.38	5 009.88	4.88	5 831.12	16.39	7 796.24	33.70	10 167.99	30.42	14 027.62	37.96
证券投资基金	3 625.58	24.34	3 575.52	–1.38	4 714.28	31.85	8 856.50	87.87	8 554.46	–3.41	7 524.77	–12.04	8 650.55	14.96
资产总额	73 545.73	22.29	82 886.95	12.70	101 591.47	22.57	123 597.76	21.66	151 169.16	22.31	167 489.37	10.80	183 308.92	9.45

注：① 保费收入、赔款给付、营业费用为年度数据。
② 银行存款、投资、资产总额为年底数据。
数据来源：根据原中国保监会提供数据整理。

附表 21　　2014—2018年全国非寿险保费收入构成

单位：亿元，%

险种	2014	占比	2015	占比	2016	占比	2017	占比	2018	占比
车险	5 515.93	73.11	6 198.96	73.59	6 834.55	73.76	7 521.07	71.35	7 834.02	66.64
企财险	387.35	5.13	386.16	4.58	381.54	4.12	392.10	3.72	423.11	3.60
货运险	95.44	1.27	88.16	1.05	85.46	0.92	100.19	0.95	121.11	1.03
意外险	171.93	2.28	199.95	2.37	247.69	2.67	312.66	2.97	416.60	3.54
责任险	253.30	3.36	301.85	3.58	362.35	3.91	451.27	4.28	590.79	5.03
其他	1 120.45	14.85	1 248.18	14.82	1 354.60	14.62	1 764.09	16.73	2 370.06	20.16
合计	7 544.40	100.00	8 423.26	100.00	9 266.17	100.00	10 541.38	100.00	11 755.69	100.00

数据来源：原中国保监会。

附表22　　2014—2018年全国寿险保费收入构成

单位：亿元，%

险种	2014	占比	2015	占比	2016	占比	2017	占比	2018	占比
人寿保险	10 901.57	85.90	13 241.40	83.49	17 442.09	80.40	21 455.49	82.40	20 722.80	78.91
其中：普通保险	4 296.49	33.86	6 728.14	42.42	10 451.65	48.18	12 936.48	49.68	9 120.97	34.73
分红保险	6 508.75	51.29	6 413.19	40.44	6 879.77	31.71	8 403.20	32.27	11 489.15	43.75
投资连结保险	4.42	0.03	4.18	0.03	3.85	0.02	3.91	0.02	4.12	0.02
意外伤害保险	370.63	2.92	435.61	2.75	502.20	2.32	588.66	2.26	658.95	2.51
健康保险	1 418.09	11.17	2 182.13	13.76	3 748.51	17.28	3 995.40	15.34	4 879.12	18.58
合计	12 690.28	100.00	15 859.13	100.00	21 692.81	100.00	26 039.55	100.00	26 260.87	100.00

数据来源：原中国保监会。

附表23　　2018年全国各地区保费收入情况表

单位：亿元

地区	原保险保费收入	财产保险	寿险	意外险	健康险
全国合计	38 016.62	10 770.08	20 722.86	1 075.55	5 448.13
广　东	3 472.37	926.97	1 946.71	119.13	479.57
江　苏	3 317.28	858.81	1 985.32	78.11	395.04
山　东	2 519.45	619.65	1 442.97	55.22	401.61
河　南	2 262.85	497.30	1 348.87	47.52	369.17
四　川	1 958.08	492.08	1 154.92	51.19	259.89
浙　江	1 953.21	673.98	981.91	60.40	236.92
北　京	1 793.34	422.67	990.27	64.50	315.90
河　北	1 790.63	529.78	979.68	35.32	245.85
湖　北	1 470.92	351.97	840.76	39.90	238.28
上　海	1 405.79	485.09	620.01	85.07	215.61
湖　南	1 255.07	357.30	676.80	31.72	189.24
安　徽	1 209.73	408.80	612.05	26.05	162.83
深　圳	1 191.51	344.20	625.03	53.72	168.57
陕　西	969.39	229.68	603.93	21.11	114.67
黑龙江	899.11	187.78	545.56	17.03	148.74
福　建	870.92	234.96	467.14	27.45	141.37
辽　宁	852.89	257.67	468.07	17.60	109.56
山　西	824.88	212.94	487.19	16.50	108.25
重　庆	806.24	202.48	449.99	23.23	130.54
江　西	753.59	240.37	381.23	18.28	113.71
云　南	667.99	275.81	278.11	22.73	91.33
内蒙古	659.50	194.40	351.88	13.76	99.47
吉　林	629.90	173.41	348.33	11.60	96.55
广　西	629.03	219.11	292.62	23.28	94.02
新　疆	577.26	191.11	271.25	18.65	96.26
天　津	559.98	144.44	329.16	14.31	72.08
贵　州	445.88	208.03	161.90	18.37	57.58
青　岛	439.40	128.75	228.61	9.07	72.96
甘　肃	398.98	125.79	204.07	12.14	56.98
大　连	335.31	81.40	208.99	6.40	38.52
宁　波	320.59	152.84	132.18	7.89	27.68
厦　门	210.51	80.32	95.19	6.77	28.23
海　南	183.10	64.23	89.94	5.93	22.99
宁　夏	182.83	63.90	83.10	5.23	30.61
青　海	87.66	37.03	34.67	2.61	13.35
西　藏	33.45	22.16	4.38	3.47	3.44
集团、总公司本级	78.02	72.87	0.07	4.32	0.75

注：集团、总公司本级是指集团、总公司开展的业务，不计入任何地区。
资料来源：原中国保监会。

附表24

支付系统业务量统计表

单位：万笔，亿元

项目/年份	2014		2015		2016		2017		2018	
	笔数	金额	笔数	金额	笔数	金额	笔数	金额	笔数	金额
大额支付系统	71 256.49	23 468 933.87	78 883.86	29 520 565.22	82 566.97	36 162 984.12	93 208.70	37 318 633.92	107 310.73	43 534 782.76
小额支付系统	143 580.15	220 751.23	183 526.95	249 402.68	234 830.13	309 131.24	252 753.84	331 445.29	218 279.40	355 326.99
网上支付跨行清算系统	163 914.52	177 893.21	296 555.07	277 563.81	445 314.80	374 610.10	846 427.92	617 200.49	1 209 784.49	890 544.71
同城票据清算系统	38 381.54	632 193.30	39 515.72	1 243 363.80	37 246.57	1 308 049.55	35 902.76	1 308 500.57	35 488.89	1 120 284.71
境内外币支付系统	191.13	52 809.80	207.88	57 002.02	198.58	54 732.23	201.66	67 456.07	213.52	83 267.58
人民币跨境支付系统	—	—	8.67	4 808.98	63.61	43 617.74	125.90	145 539.58	144.24	264 463.17
银行业金融机构行内支付系统	1 431 813.80	8 962 797.55	1 970 775.51	11 940 122.11	2 583 027.85	12 154 693.66	3 231 336.24	13 336 885.70	3 669 527.73	13 320 871.21
银行卡跨行交易清算系统	1 867 366.07	411 097.10	2 066 757.44	492 752.74	2 376 180.09	670 694.00	2 934 772.13	938 491.66	2 632 478.30	1 190 709.89

注：自2018年起，银行卡跨行支付系统业务笔数统计口径有所调整，调整后业务笔数仅包含资金清算的交易，不再包含查询、账户验证等不参与资金清算的交易。

数据来源：中国人民银行。

责任编辑：李　融　李林子
责任校对：孙　蕊
责任印制：程　颖

图书在版编目（CIP）数据

中国金融稳定报告2019/中国人民银行金融稳定分析小组编. —北京：中国金融出版社，2019.12

ISBN 978-7-5220-0363-4

Ⅰ.①中…　Ⅱ.①中…　Ⅲ.①金融市场—研究报告—中国—2019　Ⅳ.①F832.5

中国版本图书馆CIP数据核字（2019）第257193号

中国金融稳定报告2019
Zhongguo Jinrong Wending Baogao 2019

出版
发行　中国金融出版社

社址　北京市丰台区益泽路2号
市场开发部　（010）63266347，63805472，63439533（传真）
网 上 书 店　http：//www.chinafph.com
（010）63286832，63365686（传真）
读者服务部　（010）66070833，62568380
邮编　100071
经销　新华书店
印刷　北京市松源印刷有限公司
尺寸　210毫米×285毫米
印张　9.75
字数　172千
版次　2019年12月第1版
印次　2019年12月第1次印刷
定价　228.00元
ISBN 978-7-5220-0363-4